U0515410

黄　蕾◎著

国土空间优化和综合整治
理论与实践研究

GUOTU KONGJIAN YOUHUA HE ZONGHE ZHENGZHI
LILUN YU SHIJIAN YANJIU

中国财经出版传媒集团

经济科学出版社
Economic Science Press

图书在版编目（CIP）数据

国土空间优化和综合整治理论与实践研究／黄蕾著
. --北京：经济科学出版社，2023.6
ISBN 978 - 7 - 5218 - 4907 - 3

Ⅰ.①国…　Ⅱ.①黄…　Ⅲ.①国土规划 - 研究 - 中国
②国土整治 - 研究 - 中国　Ⅳ.①F129.9

中国国家版本馆 CIP 数据核字（2023）第 122098 号

责任编辑：杜　鹏　武献杰　常家凤
责任校对：杨　海
责任印制：邱　天

国土空间优化和综合整治理论与实践研究
黄　蕾◎著
经济科学出版社出版、发行　新华书店经销
社址：北京市海淀区阜成路甲 28 号　邮编：100142
编辑部电话：010 - 88191441　发行部电话：010 - 88191522
网址：www. esp. com. cn
电子邮箱：esp_bj@ 163. com
天猫网店：经济科学出版社旗舰店
网址：http：//jjkxcbs. tmall. com
固安华明印业有限公司印装
710 × 1000　16 开　9.75 印张　170000 字
2023 年 6 月第 1 版　2023 年 6 月第 1 次印刷
ISBN 978 - 7 - 5218 - 4907 - 3　定价：59.00 元
（图书出现印装问题，本社负责调换。电话：010 - 88191545）
（版权所有　侵权必究　打击盗版　举报热线：010 - 88191661
QQ：2242791300　营销中心电话：010 - 88191537
电子邮箱：dbts@ esp. com. cn）

目　　录

第一章

引　言

第一节　国土空间优化的研究背景

一、国土空间概念

国土空间的概念是随着国家的出现而客观存在的。在国家的发展过程中，国土空间的功能和内涵不断深化，其内涵也随之拓展和丰富，并显示出明显的阶段性和发展性特征。中国从 20 世纪 80 年代开始引进并开展"国土（整治）规划"，21 世纪初引入欧洲"空间规划"理念，而后逐渐形成了我国的国土空间概念。早期的国土空间概念具有较强的地域属性，以土地资源为基础，并与地域资源和环境相联系。2010 年，国务院发布的《全国主体功能区规划》对国土空间的概念进行了阐述："国家主权与主权权利管辖下的地域空间是国民生活的场所和环境"；2019 年，中共中央、国务院在《关于建立国土空间规划体系并监督实施的若干意见》中进一步确立国土空间规划体系包括"五级三类"，明确了应按照系统化和整体性的要求开展国土空间治理。我们把国家主权与主权管辖下的地域空间统称为国土空间，也就是"权域 + 地域"的空间。国土空间是一个包含土地、水、生态、社会经济、人口等多个地理要素的复杂的地理（域）空间，涉及地上和地下两个空间的人地关系时空系统。可以把国土空间理解成是一个由多元、多时空尺度等元素构成的人地耦合系统；也可以是人文不同的"流"构建成的网络空间形成了国土空间；国土空间具有多重属性，例如物质属性、全责属性、功能属性等（郝庆等，2021）。

在本书中定义的国土空间是由国家、省、市等疆界范围所构成，包含了领土、领空、领海在内的整体空间。现在常用"三生空间"即"生产空间、生活空间、生态空间"或者"生态空间、农业空间、城镇空间"来区分国土空间的构成（吴次芳等，2019）。

二、国土空间优化的背景

2019 年，《中共中央 国务院关于建立国土空间规划体系并监督实施的若干意见》的颁布开启了国土空间规划体系构建工作，与此同时也开启了国土空间格局优化和用途实施管制工作，这些工作的开展是加强新时期生态文明建设、推动全国发展战略转型调整以及实现"三区三线"落实的重要举措。

（一）生态文明建设对国土空间优化提出了新要求

改革开放以后，我国经济获得了快速的发展，各项社会主义建设事业均取得了举世瞩目的成就，综合国力稳步提升。但成绩与挑战共存，其中资源紧张、生态系统恶化、环境质量下降、空间扩张混乱、结构和设计差异以及空间利用效益低等问题伴随着中国发展进程。首先，城市化进程的快速推进导致建设用地需求居高不下，城镇建设规模持续扩大，同时缺乏科学的规划和引导，简单粗放的利用方式造成土地利用效率不高。部分城市发展呈现出摊大饼式扩张，引起交通拥挤、住房紧张、环境污染等一系列城市问题。依据第三次全国国土调查数据，全国建设用地面积增加了约 1.28 亿亩，增长比率为 26.5%，城镇建设用地的总规模约 1.55 亿亩，而村庄用地的总规模约 3.29 亿亩，表现出全国建设用地总量呈增加趋势，用地布局有待优化。其次，随着城镇建设的推进，城市空间的扩张对于农业的生产生活造成了严重的影响。传统城市建设中生态空间包裹着建设空间的"底图"关系在城市化的过程中被打破，快速的城市扩张蚕食了部分生态保护空间，导致生态空间中一部分生态源地、生态廊道被破坏，生态网络碎片化。生态系统的物质、能量流通网络因生态空间的破坏被中断，生态系统的结构和功能逐渐被损害。传统的城市发展模式以高消耗土地、水资源、矿产等能源为特征，这种发展模式的资源利用方式简单、粗放，在一定时期能有效推动城镇化、工业化的发展，但也造成资源能源浪费严重，后续发展困难。

在此背景下，党的十七大第一次明确提出"在全社会牢固树立生态文明观念"。党的十八大提出了要建立科学合理的城市化格局、农业发展格局、生态安全格局，把生态文明建设纳入中国特色社会主义事业"五位一体"总体布局。国土空间是生态文明建设的重要载体，开展国土空间优化研究，建立资源环境协调以及"生态、生产、生活"三类空间协调发展的空间格局是实现生态文明建设的重要途径。

生态文明建设需要通过国土空间开发、保护进行落实，在空间开发、保护的过程中，应以科学、合理原则为指导规范国土开发、保护秩序，实现国土空间开发利用的可持续性，进而实现人与自然和谐发展。优化国土空间格局的首要任务就是要坚持生态优先、保护优先、合理有序开发国土空间的原则，对区域生态、农业、城镇空间进行合理布局。

生态文明建设要将生态文明理念融入土地规划和城市规划中，科学、合理地进行国土规划，优化国土空间规划和配置的方式，不断完善国土空间规划的相关法律法规和政策制度，推动国土空间规划走向法治化。随着生态文明建设理念的实施和推进，国土空间的应用要基于生态文明的基础，结合经济、社会发展状况，有序推进国土空间开发和利用，保障我国社会发展和生态环境协调、可持续发展。

（二）中国进入发展转型期的全国发展战略调整背景

从社会发展的整体状况来看，我国的经济、社会、政治、文化等各方面都经历了从无到有、从有到多的过程，人民的生活水平也得到了较大的提升。但是，这种高速增长的发展也给中国社会带来了一系列的问题。例如，生态保护意识不强、资源利用的粗放化造成生态环境破坏严重，社会制度不完善导致社会分配不合理、人民道德素质建设水平低等发展问题。再者，城乡发展建设不平衡、国土空间规划中职能划分不清晰、规划实施中出现交叉重叠的现象给我国的生态安全、粮食安全带来了巨大的隐患。为了应对发展中的各种矛盾冲突，抓住发展机遇，实现高质量的发展，2010 年，"十二五"规划中提出转变发展方式，由粗放型发展转变为集约型高质量发展，坚持可持续发展的目标。在国土空间规划中，更强调生态保护优先、保障粮食安全、实施建设用地精准化管控。

在全面深化改革向纵深推进的过程中，如何构建出符合中国特色道路以及具有中国特色的空间规划体系和空间治理体系成为了目前各界广泛关注的一个重要论题。如何科学开展生态、生产、生活空间的划定，如何有效进行空间用途管控已经成为国土空间规划中必须认真考量的内容。当前，我国处于社会、经济发展的转型期，国土空间优化尤其需要注重国土空间在开发、保护、生态修复等方面相关问题的解决，将空间治理和结构优化作为研究的内容，构建起全域空间管控、全要素治理的国土空间用途管制制度。2019年，中共中央　国务院发布的《关于建立国土空间规划体系并监督实施的若干意见》等系列文件对国土空间治理和空间结构优化作出了相关政策规定，将"三生空间"的划定放在突出位置，将其视为加强国土空间用途管制、实现全域空间管控的重要措施。

（三）空间规划改革对"三区三线"落实的迫切需要

在新的发展背景下，为满足新型发展的需求，国土空间规划体系进行了一系列改革。2018年，《深化党和国家机构改革方案》将原来分属8个部、委、局的资源管理和规划编制职能整合到自然资源部，由自然资源部统一行使国土空间规划、用途管制、生态保护修复职责。在此之前，一些专家学者曾多次提出"多规合一""统一的空间规划体系"等议题，并在广东、上海等地进行相关实践探索，积累了一定的经验和成果。但由于制度分散、管理不完善等原因，导致其并没能推广应用，而是各成体系。自然资源部的成立为"建立统一的国土空间规划体系"奠定了扎实的制度基础，加速了"多规合一"国土空间规划体系建立。2019年1月，国家发展改革委正式确立了全国统一的"五级三类"国土空间规划体系，明确改革的重点是对国土空间全要素进行合理管控，推动国土空间布局优化，为城市健康发展奠定基础。

"三区三线"是国土空间管制的重要组成部分，"三区三线"中"三区"是指生态空间、农业空间和城镇空间，"三线"则是指生态保护红线、永久基本农田和城镇开发边界三条控制线（樊杰等，2021）。生态空间具有生态保护功能，农业空间具有农业生产和乡村建设的功能，而城镇空间具备城市化功能作用。在区域国土空间划分中，确实存在"三区"相互重叠或包含的情况，例如农业空间中的永久基本农田和生态空间中的生态保护红线，两者在空间管制中都属于禁建区，同时，两者又有相似之处，即都具备生态功能。在城镇空间中，城镇开发边界内外都需要有一定的生态保护功能，由此可见，农业空间、城镇空间和生态空间确实存在一定的交叉。

第二节　国土空间优化与国土综合整治的耦合关系

一、从土地整治到国土综合整治

2009 年，《深入开展农村土地整治搭建新农村建设和城乡统筹发展新平台》一文中首次提出土地整治概念，提出土地整治是以土地整治和增加及减少城乡建设用地为平台，同时包含田、水、路、林、村、房的综合整治。2012 年，《全国土地整治规划（2011－2015 年）》将土地整治定义为：通过改善效率低下、不合理和未使用的土地以及改善受自然灾害破坏的土地的生产、建设、恢复和使用来改善土地利用活动，明确土地整治包含农用地整理、土地开发、土地复垦、建设用地整治等类型。2018 年，《土地整治术语》将土地整治定义为：在特定区域，为了满足人类的生产需要、生计和环境功能，根据土地整理和规划，对未使用、效率低下、受损和退化的土地开展工程措施治理的活动。其类型包括土地开发、土地整理、土地复垦和土地修复。

我国土地整治概念的发展经历了三个阶段。第一阶段是 1999 年以前的起步探索阶段。土地整治概念内涵主要是借鉴国外相关经验以及通过自主实践获取实施土地整治的相关途径，在此时期，土地开发、土地整理、土地复垦三个概念相互独立存在。第二个阶段是 1999～2007 年的发展壮大阶段。在此期间，全国大力开展土地开发整理项目，包括土地开发、土地整理以及土地复垦项目，并获得了突出成绩。第三个阶段是 2008 年以来的综合发展阶段。在"土地整治"更新、升级的基础上，具有目标多样性、实施模式广泛性、内容和效益全面性等特点。

为应对伴随时代发展出现的各种矛盾与冲突，我国相继提出了乡村振兴、区域协调发展、生态文明建设、脱贫攻坚等国家战略。土地整治工作要顺应时代的潮流，结合国家战略，强化创新驱动力，落实"山水林田湖草沙生命共同体"理念，优化生产、生活、生态空间。在开展土地整治工作的同时，实施土地生态修复、质量提升、土地立体开发等工程，以生态文明理念为指导，落实耕地"三位一体"保护，促进区域协调发展和经济可持续性发展。

"国土综合整治"在《土地整治术语》中解释为：为了解决国土空间开发和使用中出现的问题，综合考虑技术、工程、生物和其他措施，始终坚持"山水林田湖草生命共同体"理念，以提升国土空间质量，为国土空间的正常开发做出贡献。国土综合整治有利于提高国土资源的综合利用效益，确保区域、产业、经济、人口发展与国土资源相协调，实现山、水、林、田、湖、草统筹治理。国土综合整治与乡村振兴、区域协调、产业发展等国家战略有机结合，可以优化国土空间管理、提高土地利用的质量和效率、增强大规模国土空间整治的影响、推进山水林田湖草沙冰综合治理的能力、落实生态环境保护和可持续发展（曹帅等，2018）。国土综合整治有利于增强资源环境的承载能力、促进生态保护修复、推进"多规合一"、推动国土空间优化发展。

二、国土综合整治是塑造高品质国土空间、优化国土空间格局的重要路径

党的十八大将生态文明建设纳入中国特色社会主义事业"五位一体"总体布局，把推进美丽中国建设作为社会主义奋斗目标的重要内容。在这之后，"空间均衡""山水林田湖草生命共同体"等理念相继提出。2018年，自然资源部成立，承担监测国土空间使用情况以及保护和恢复生态环境的所有责任。国土空间规划逐渐从增量建设转向存量提质，通过转变土地利用方式提高土地利用效益、优化国土空间布局、打造高品质国土空间。国土空间经历了一系列改革，其核心目标是推动经济社会实现高质量的发展，以服务于城镇化建设，构建安全、和谐、可持续发展的美丽国土。在国土空间规划体系中，践行生态文明理念最重要的是实施好国土综合整治，以高品质的空间规划推动高品质的社会发展，落实规划目标，接好空间规划的"最后一棒"，合理利用空间资源，增强国家现代化治理能力，满足人民对美好生活的需求。

党的十九届五中全会提出，要构建国土空间开发保护新格局，促进区域的协调发展，推进以人为核心的新型城镇化。新型城镇化建设中要求通过优化经济、人口、社会、环境、资源等各个要素配置，优化国土空间总体格局，以提高资源配置的效率和土地利用的效益，从而促进生态健康发展、城乡统筹发展和乡村文明发展等，进而形成科学有效的国土空间规划模式。

党的二十大提出，要优化国土空间发展格局，构建优势互补和高质量发展的国土空间体系。推动国土空间格局优化，以"五级三类"国家空间规划体系为依据，严格落实"三区三线"，强化底线约束，构建高质量发展的国土空间布局。

三、国土综合整治和国土空间优化是同步进行、互相依托的

在社会主义现代化建设中，乡村仍然是发展中的短板，基础设施不健全、产业发展落后以及人口流失严重等问题导致城乡发展目前依然存在着较大的差距。乡村振兴旨在通过乡村产业的建立和发展改善人居环境、乡村风貌。乡村振兴战略的重点是优先发展农业产业和改善农村地区环境、设施，并配套改进相关政策、措施，通过产业振兴，进而实现乡村人才振兴、文化振兴和生态振兴。

2019 年，自然资源部印发《关于开展全域土地综合整治试点工作的通知》，落实习近平总书记"千村示范、万村整治"重要批示精神，全面启动全域土地综合整治试点工作。全域土地综合整治是促进乡村振兴的重要平台，通过开展农用地整治、建设用地整治以及整治区域开展生态保护、修复，促进乡村振兴。

从土地整治转向土地综合整治，它的范围从开发土地利用指标的潜力到根据区域发展需求优化土地，确保高质量的适应区。土地综合整治作为原土地整理的高级版，将规划管控、空间治理功能有机结合起来。当前，土地综合整治处于全国试点阶段，需依据发展目标，建立完善的体系，明确目标原则，完善机制体制，为农业农村建设和乡村振兴提供助力，使得在整个村庄范围内进行全面的土地整治具有实际意义。通过对各类利用低效、闲置、生态退化的用地进行综合治理，提高国土空间质量是土地综合整治的主要目标。目前，各地的全域土地综合整治处于试点阶段，通过综合整治实现空间优化，促进国土空间的科学开发和建设，是全面开展全域土地综合整治的重要内容和目的。空间优化和土地综合整治是合理协调村庄资源、优化土地空间配置的有效手段，是实现乡村振兴的重要途径。

全域土地综合整治是包含农用地整理、建设用地整理以及生态修复保护等在内的区域空间的全域规划，涉及"田、路、水、村、产"等一系列工程项目，致力于优化农业生产结构、产业发展格局、生态保护空间，以

提高土地整治的综合效益（刘珺等，2022）。全域土地综合整治通过对区域空间进行全域规划、总体设计和一体化管理，实现国土空间利用管理和空间设计优化。全域土地综合整治是落实国土空间优化的重要途径，在实施过程中积极践行"生命共同体"理念，推动生态文明建设，促进城乡一体化发展。

第二章

国土空间优化的理论基础

第一节　相关概念界定

一、生态文明

　　1987 年，生态学家叶谦吉发表了"生态文明是人与自然形成互利共赢的和谐统一关系"的观点，党的十七大报告中明确提出了建设生态文明的目标，党的十八大后"大力推进生态文明建设"被赋予了更加丰富的内涵，到今天，生态文明已经成为中国各界的关注焦点（樊杰，2013）。

　　党的十九大报告中将生态文明建设作为推动"五位一体"总体布局的重要内容，党的二十大报告指出"生态文明是中国式现代化的重要组成部分"，把生态文明建设放在全局中的突出位置。

　　20 世纪 80 年代以来，国内各界已从不同角度对生态文明的内涵和特点开展了大量研究工作，但由于各方研究角度差异较大，当前并没有形成各界认可且融合的生态文明的认知。根据人类社会发展的进程，人类社会已经经过了原始文明、农业文明、工业文明发展阶段，伴随经济、技术发展，人类社会进入生态文明发展阶段。工业文明阶段，人和自然的关系是"征服自然"，随着人口的发展、科技的进步，工业文明困境凸显，人类社会开始对工业文明方式进行反思——重视人和自然的和谐相处、共同文明。顺应生态文明理念表现为运用生态化理念对全社会各方面的改变。进入生态文明阶段，我们将主动改进人与自然的关系，开展为达成人类社会可持续生存、发展所需要的各类活动。作为崭新概念出现的生态文明是在我国经济社会发展进入新阶段的背景下产生的，为解决高速发展带来的社会、经济、环境等一系列问题，我国建设的各个方面需要生态文明思想（王威等，2019）。

二、国土空间内涵

国土空间不仅是进行国家空间现代治理的目标，也是各个学科开展探究工作的对象，而关于这两个方面的含义，都随着社会进展和国家治理水平的提升而不断优化和发展（吴志强，2020；袁方，2011）。

从国土空间的属性来看，国土空间强调国家主权权利管辖范围内的空间区域，它的空间范围不仅仅包括人类日常活动的空间范围，更指的是一个涵盖国家全域的领土以及涉及的地上和地下空间（冯广京，2018）。

从国土空间的类型来看，根据不同的划分标准，我们可以把国土空间分为不同的空间类型，例如依据立体结构可以分为"地面""地下"和"地上"空间三类（杨木壮等，2014）；依据功能可以分为"生态""生活"和"生产"空间（"三生空间"）三类（魏超，2019）；按行政建制层级划分为国家、省、市、县、乡镇五个层级空间。我们可以把国土空间认为是社会、资源、人口、产业等因素互相影响的最终成果，基于此，国土空间具有多维性、复杂性等特点。由此，我们应用全面整体的视角看待国土空间及其类型，从而产生一个包含各个学科和领域的国土空间概念内涵，并对此有一个深层次的认识。

从国土空间的边界和范围来看，由于国土空间的本质属性是一定范围的地域空间，地域单元的分化构成了地域空间，同时，根据各种类型的地域主题要素单元可以区分出不同的要素空间，从而产生不同类型的要素空间边界，同时，国土空间边界具有政治学上行政界限限定的特征，在数量方面具有有限性、位置方面具有固定性和区位方面具有差异性等特征（魏超，2019）。

综合来看，国土空间包括确定的权域边界和自然和经济等要素，这些要素互相影响与作用形成了实体的空间，是进行国家空间治理的权域空间。由此可知，国土空间是一个多维度、多尺度的观念（郝庆，2018）。

三、国土空间优化

党的十八大以来，国土空间优化已经成为我国生态文明建设的重要任务，如何有效开展国土空间优化也成为近年各界关注的焦点。国土空间优化须要从全国、区域视角考虑，遵循国土空间功能的基本功能，考虑社会、经济和生态环境各要素配置，并且充分考虑当前实际和未来发展之间的平衡，从而达成人与自然的协调发展以及社会、生态、经济效益的有机结合（黄金川等，2017）。

国内在国土空间优化中多从宏观、中观、微观三个层面全面进行格局，"三生空间"暨"生产空间、生活空间、生态空间"的空间比例关系及其空间结构划分可以弥补原有的"点轴"系统面状空间组织结构存在的不足，是国土格局优化的重要依据，除此之外，在空间结构理论基础上进行的综合集成分析调节了生产空间、生活空间、生态空间之间的比例关系，指导优化了多个层面的空间格局（樊杰，2015）。

第二节　相关理论基础

一、可持续发展理论

近百年来，地球经济、人口爆炸式增长，在经济发展的同时带来了系列负面效应，可持续发展理论就是在此背景下提出的。可持续发展理论发展到今天已经经历了 50 多年的发展，瑞典首都斯德哥尔摩 1972 年举行的"世界人类环境大会"发布了《人类环境宣言》，标志着人类社会开始展开对环境问题的反思；1980 年 3 月，国际自然资源保护同盟（IUCN）和世界野生生物基金会（WWF）共同提出了《世界自然保护大纲》，可持续发展被明确提出；1983 年，第 38 届联合国大会成立了世界环境与发展委员会（WCED）；1992 年 6 月，在巴西里约热内卢召开的联合国环境与发展大会（地球高峰会议）通过了"里约宣言"，102 个国家首脑共同签署了《21 世纪议程》。由此，世界范围内大部分的国家和人们开始普遍接受、认可可持续发展理念。

在 50 多年的理论探索和实践中，学者们对可持续发展理论的研究不断完善，其中，最核心的内涵是人与人以及人与自然的和谐共存。在可持续发展要求中重点关注人类社会和谐，同时，也注重生态环境的保护与修复。大多数学者认同可持续发展的重要要义包括四个方面，即共同发展、协调发展、高效发展和多维发展。这四个方面的发展表示全球社会、经济、人口和环境的共同发展、共同繁荣。

我们需要关注的是，各种资源包括能源、粮食生产、人口、粮食环境资源等要都是附着土地存在的，因此在可持续发展中我们需要尤为关注土地资源的可持续利用性。土地资源的自然属性如数量的有限性、位置的固定性等决定了土地的相关特性。随着世界人口的不断增加、城镇化的快速发展，土地资源的有限性与日益倍增的土地增长需求之间的矛盾日益显现，如何能够可持续利用土地资源成为全世界共同的挑战。

二、区位理论

1826 年，德国的经济学家杜能（Johan Heinrich von Thunnen，1826）在他出版的《孤立国同农业和国民经济之关系》一书中第一次系统阐述了农业区位论。杜能提出距离城市距离的差异会带来农业生产的基本条件和利润的明显差异（地租差异），从而决定了距离城市不同远近的农用地的利用方式，并带来了农作物空间布局的变化，形成了农业的分带现象。1909 年，德国经济学家韦伯（Alfred Weber，1909）在杜能的农业区位论思想基础上，在其著作《工业区位理论：区位的纯粹理论》《工业区位理论：区位的一般理论及资本主义的理论》中提出工业区位论。工业区位论最核心的思想是：随着工业的快速发展，工业活动场所选择的主要因素是生产成本的高低，其中，交通运输成本的高低成为影响空间成本的一个重要因素。因此，工业生成应选择生产成本最小的地方，之后进一步通过交通运输费用、劳动力费用及聚散度因素来选择工业区位。

1933 年，德国经济学家克里斯塔勒（W. Christaller，1933）编著的《德国南部的中心地原理》一书结合人类需求和行为等因素在社会生产中的影响，将聚落分布和市场研究引入到区位理论。在《德国南部的中心地原理》一书中，克里斯塔勒认为中心地及多级市场构成的网络体系能有效地促进生产和流通。在此基础上，克里斯塔勒提出了由三个原则支配中心地体系理论，即市场最优原则、交通最优原则和行政最优原则。

1940 年，德国经济学家廖什（August Losch，1940）在他的著作《经济空间秩序》中将市场需求作为重要因素应用于区位分析中，提出了市场区位论。市场区位论的核心是，利润最大化是市场中的利益相关者选择区位的一般原则，之后，工业区位理论在此基础上建立起来。

国土空间格局优化中，我们认为不同的国土空间开发活动在区域空间上占据不同区位。这时，区位或区域空间可以认为是大尺度的地域空间（国家、区域、省等），也可以是小尺度空间（市、县、乡镇、村等）。区位理论基于人类活动空间分布特征和各空间之间交互关系，国土空间优化布局要以区位理论为指导，合理调配各类国土空间开发活动。

国土空间的优化，一方面要考虑各类地理条件，如地形、地貌、气候、土壤等自然因素，这些因素对城镇发展和农业生产有明显的限制性作用；另一方面还应充分考虑各种社会经济因素对空间布局的影响，例如，城市中心等对空间的影响、人口的分布和流动、市场条件和聚集度、交通网络密度等。此外，考虑可持续发展、生态保护等因素，还应考虑各类国土空间的生态区位适宜性，注重生态环保性。

三、复杂系统理论

复杂系统理论认为系统的结构、功能及变化是由系统的各种特征所构成的。复合体表达了事物之间的相互关系，并以实体作为表征对象，通过属性展示相关信息，用行为表征发展过程，用环境描述外在信息。复杂系统具有相对独有的特征，如整体性、层次性、开放性及不确定性等。复杂系统科学是一个不断变化逐渐走向成熟的学科。目前，主流学科理论是复杂适应性系统论。

（1）控制论。诺伯特·维纳1948年第一次解释了控制论的理念。为了提高系统性能，控制论通过研究机器和社会生命系统中的法则来得出动态系统的运行规律。控制论以功能模拟、信息反馈、黑箱等方法来进行检测。机械系统由于可预测性较强，能够较好地匹配控制论。而社会生命系统涉及因素较多，具有较强的确定性风险，控制论应用实践中面临诸多难点。

（2）信息论。香农将信息理解为"人们在选择一条消息时选择的自由度的量度"，以信息熵作为度量。熵大时，表明系统状态趋向稳定。因此，信息也可以看作反映系统动态变化的指标。信息论涉及概率学、统计学等方法，是研究系统信息处理、传输的一系列过程。目前，信息论主要应用于编码学、密码学、估计理论等学科。

复杂系统理论是人地关系协调、管控的重要依据。兼顾资源、人口、生态、产业等要素的协同运行是实现国土空间优化布局的关键之举。整个区域整体的演化离不开各子系统的协同配合。推动人地关系系统平稳运行需要内部个体与外部环境之间达到一种平衡、有序的状态，避免环境出现突变或发生灾变，限制开发建设的范围和程度，确保人地关系和谐发展（杨建新，2019）。

四、景观生态学理论

景观生态学以多学科交叉融合为特点，研究生态系统空间格局、变化发展的过程及其与人类之间的相互关系。空间异质性是生态学研究的主要内容，包括自然科学领域和社会、经济等人文社科领域。景观可以分为狭义和广义景观，狭义上的景观空间范围可以是几十千米到几百千米的不同生态系统构成的异质性的地理单元，而广义景观则强调异质性特征，多指异质性的地理单元。

国土空间开发保护中坚持生态文明理念，需要兼顾环境保护和资源开发两种行为，结合景观生态学相关理论，合理优化空间布局。在景观学中，城市与自然处在两个对立面，城镇开发活动必然会对生态系统造成破坏，如何合理地协调城镇建设与生态保护之间的关系是国土空间开发的重要难点。景观格局与过程的耦合关系是景观生态学的重要理念，景观格局的演化会改变内部物质、信息等的流动和循环，进而影响景观的生态功能，造成格局演替。由此，构建合理的生态网络，促进不同生态网络之间的信息交流和能量及物质流通，提高生态系统多样性，维持生境稳定，以提高资源环境承载力，构建生态环境友好型城市（杨建新，2019）。

五、土地资源优化配置理论

土地资源优化配置是基于当时的经济社会发展状况，采用科学的方法，合理配置土地资源，以满足既定的目标，推动土地循环永续利用。中国长期的城乡二元化导致农村与城市之间出现壁垒，通过统筹优化土地资源配置，合理布局生产空间，加强土地科学管理，提高土地综合效益，确保粮食生产安全，促进经济社会发展。协调人地关系，促进人地协调发展。土地利用优化配置领域的研究可以分为宏观、微观、中观三个尺度的研究，"增长极""点—轴"理论、土地利用合理布局是该领域研究常用的基本理论。研究者常常采用数学模型构建约束指标体系和目标函数，通过构建优化配置模型开展土地适宜性评价，合理配置各类土地资源。

国土空间优化配置是一个综合性的行为，需要考虑多种因素，以实现空间的有效利用，如生态敏感性、资源的稀缺性等，基于社会发展水平和资源禀赋，科学配置资源，促进持续发展（周鹏，2020）。

六、增长极限理论

经济增长极理论是 20 世纪四五十年代西方经济学家关于一国经济平衡增长抑或不平衡增长大论战的产物。王蕾（2005）在《对罗马俱乐部第一份报告〈增长的极限〉的解读》一文中，对其出现至今的研究报告进行了分析，得出人类距离可持续发展仍有一定距离，需要不断探索、创新。李琴（2009）在《增长极限论中关于人类生存矛盾的启迪》文章中对于人类生存矛盾进行解读，探析了人类生存矛盾在社会、科学、经济等方面的表现，并从主、客观等方面分析其产生的缘由。

增长极限理论重点关注人口经济增长与资源环境开发的阈值，基于增长极限理论，社会经济发展与资源环境均存在"极限"，当突破这一"增长极限"，将会阻滞和遏制可持续发展。当前，以农业开发和城镇建设为主体的国土空间利用是实现社会经济增长的空间组织来源，社会经济趋于"极限"的同时，国土空间利用状态也趋于空间增长边界，主要表现为生产和生活空间侵占生态空间以及生态系统服务功能衰退，国土空间开发强度日益加大，导致资源底线和环境上限凸显，局部地区资源环境承载能力已突破极限阈值，基于增长极限理论应注重资源环境承载能力在国土空间演变预警过程中的约束性。

第三章

国土综合整治的全域思考

第一节　国土综合整治发展

一、土地整治定义

　　土地整治在各国开展的时间都比较早，德国是最早开展现代意义土地整治的欧洲国家，1250 年，德国巴伐利亚州在一个地块合并的文件里明确地提出了土地整治，1886 年的巴伐利亚王国的法律条文之中，德国又第一次从法律的层面上提出了"土地整治"这一概念（杨应奇，2013）。我国著名的大禹治水就是以水利工程为主要途径开展的土地调整活动。

　　各国对土地整治的概念和内涵存在一定的差异，主要源于不同的政治环境和各国历史沿革。例如，德国把土地整治称为土地整理，涉及内容包括村镇更新、乡村景观重塑、土地合并等内容；韩国的土地整治重点放在土地权属调整方面，通常在土地整理中应用基础设施改善等措施，通过基础设施建设等方式调整整治区域的土地用途，并利用设施改善促进整治区域的地价增值（Rafael Crecente，2002）。从 20 世纪 90 年代开始，我国陆续开展了大量土地整治实践，发展到今天，我国的土地整治已经从单一的土地整理工程转变成为具有综合性特点工程，土地整治包括了土地整理、土地复垦、土地开发和生态修复等多措施的综合性工程，已成为地方促进产业发展、助推精准扶贫、实施全域综合建设的重要手段（严金明等，2016）。

二、我国国土综合整治的发展历程

考虑到新中国成立初期全国社会生产力水平较低，这一时期土地整治的目的主要是保障粮食安全，因此，土地整治重点在土地开发，通过开垦滩涂、荒地增加耕地面积。改革开放以后，伴随着城镇化的快速发展，耕地锐减，耕地资源消耗过快，伴随产生生态环境恶化、经济发展与资源环境保护难以协调，尽管这期间我国土地整治的目标主要是补充有效耕地面积，保持耕地总量动态平衡，但国内已经开始关注人地关系，强调经济、人口、资源与环境之间的协调可持续发展。到 21 世纪初，土地整治内涵的不断拓展，随着国家对耕地保护、建设用地集约节约利用的进一步强化管理，现阶段我国的土地整治已经进入综合整治阶段，原来相对单一、分散的土地整理项目不再适应现阶段整治的需求，综合整治要求土地整理在区域上要从"农村包围城市"，项目从孤立到连片集中，整治的目标从耕地数量增加到质量提升、生态环境改善（龙花楼，2015）。

党的十八大以来，在生态文明建设的新阶段，强调国土综合整治对国土资源全要素、全周期的融合，重视国土综合整治在生态保护、国土空间开发领域的推动作用。在新的阶段，国土综合整治已然成为落实国土空间规划的实施抓手（Zhao W. et al.，2016）。

三、新时代下国土空间综合整治的内涵拓展

党的十九大以来，国土综合整治结合国土空间规划编制，提出了"山水林田湖草生命共同体"的新内涵。结合生命共同体的要求，通过空间结构调整优化国土空间功能，通过资源利用效率提高提升国土空间质量，以灾害污染治理保障国土空间安全，以生态系统修复打造美丽国土，拓宽国土空间的功能和承载力，打造以人为本的国土空间。

国土空间综合整治工作应进一步加强与各层级国土空间规划的协调统筹，在宏观层面上以"双评价"机制为基础，综合划定综合整治功能区；在微观层面上充分考虑生态保护、修复的需求，结合国土空间划分，落实国土空间综合整治重大工程，促进国土功能的全面修复。

第二节　全域国土综合整治的背景与意义

一、全域国土综合整治开展的背景

全域国土综合整治是随着我国社会、经济的发展，在我国经济社会转型的背景下提出的。随着经济、社会发展加速，土地供需矛盾、城乡二元结构、生态环境破坏等问题凸显。全域国土综合整治已经成为新阶段保障粮食安全、改善生态环境质量、促进乡村振兴的重要抓手。例如，浙江的"千村示范、万村整治"工程实施后取得了显著成效，这项工程以优化乡村的"三生空间"为重点，在空间优化的同时显著提高了村域农民的生产生活质量。2019年，自然资源部发布的《关于开展全域土地综合整治试点工作的通知》明确了全域国土综合整治的主要内容和目标，国家明确从政策层面开始大力支持全域国土综合整治的试点工作。

从国际国内形势来看，我国面临着巨大发展机遇。国际上，中美博弈激烈，受新冠肺炎疫情影响，全球经济低迷，贸易保护主义抬头，国际形势的变化导致我国必须要把饭碗端在自己手里，保护粮食安全以及不断提升我国农业市场的竞争力。改革开放以来，国内城镇化、工业化加速，经济发展的同时，生态环境破坏、土地资源利用效率低下等问题日益明显，传统的土地资源利用模式显然不能适应新形势需求，必须改革创新。

乡村振兴战略实施以来，我国广大的农村生活环境得到明显改善，农业生产能力不断增强，乡村建设在各方面均取得了重大进展，但是资源的低效利用和环境的破坏日益凸显。土地作为生产生活的空间载体，是农村社会、经济、生活的基本资源，如何有效、科学利用土地资源已经成为乡村振兴的重要突破口。全域国土综合整治通过整合多领域资源，在农田建设、修复受损土地、改善农村人居环境、增加农民收入、扩大居民消费和拉动国民经济方面都有着显著的效果，从乡村产业、生态、文化、政治、生活等方面全方位推进乡村建设。全域国土综合整治将山水林田湖草等全要素作为整治对象，采用以保护耕地、集约节约用地、改善生态环境为核心目标的综合整治模式——推动乡村振兴和实现城乡融合发展的重要手段和必然途径。

二、开展全域国土综合整治的必要性

（一）全域国土综合整治的开展是保证粮食安全的需要

根据全国 2020 年国家统计局关于粮食产量数据的公告（中华人民共和国国家统计局，2020），2020 年，我国的粮食播种面积 17.52 亿亩，粮食产量近 6.7 亿吨，但我国的粮食播种面积仅占全球粮食种植总面积的约 9%，而我国的总人口约占全球人口的 20%，因此，粮食安全、把饭碗端在自己手上对保证我国长期的稳定和发展极其重要。2020 年以来，各国经济发展仍受新冠肺炎疫情影响，恢复缓慢，贸易保护主义抬头，考虑到粮食安全问题，我国必须保持危机意识。

通过全域国土综合整治，可以解决较长时期的耕地动态平衡问题，并适当增加有效耕地面积和提升耕地质量。全域国土综合整治是坚守耕地红线、坚持永久基本农田保护红线、提升土地质量、提高粮食产量、确保粮食安全的重要途径。

（二）全域土地综合整治的开展是强化生态安全的需要

党的十九大把"生态文明建设"的目标提升到了一个全新的高度，明确建设生态文明是中华民族永续发展的千年大计。到今天，推进生态文明建设已经成为中国实现高质量发展的战略的重中之重，要从源头破解我国资源环境瓶颈约束、提高发展质量、形成人与自然和谐发展。国土综合整治基于满足生产、生活和生态的协调共生，对各类用地进行综合施治，通过土地整理、土地开发、土地复垦、生态修复等工程措施，提高耕地质量、提升生产条件、保护生态环境。

从本质上看，高质量开展全域土地综合整治工作可以全面提高土地承载能力、协调人地关系，实现资源的永续利用。在维护自然山水格局的基础上，通过全域国土综合整治，严格保护和恢复生态系统，延续地域文化景观特征，保持绿脉和文脉的传承。

"山水林田湖草生命共同体"是习近平生态文明思想的重要内容。全域国土综合整治从国土空间治理的视角出发，考虑空间要素的系统性和综合性，通过综合治理工程实现"山峦层林尽染，平原蓝绿交融，城乡鸟语花香"的人与自然和谐共处的景象。

（三）全域土地综合整治的开展是城乡协调发展的需要

全域国土综合整治通过对农村生态、农业建设空间进行优化，为乡村振兴创造有利条件。当前制约农村产业发展的主要问题集中在土地碎片化、农业种植效益低、产业发展用地紧张等方面，通过整治可以优化农田耕种条件，推动规模化产业化种植和权属整合。将农用地整理与农村建设用地整治相结合，开展多要素、多目标、多模式综合整治，可以解决耕地分割细碎、农业配套基础设施缺少、产业用地分散等问题，使农田连片、产业集聚，实现产业融合发展用地集约精准配置，引领产业转型升级。

城乡协调发展关键要健全乡村治理体系和提升治理能力，全域国土综合整治有助于优化乡村治理体系，整治过程鼓励农民和自治组织全程参与，按照"乡镇主导—村级实施—农民主体—部门指导"的模式开展，这种模式有助于探索村民自治形式。乡村基层治理体系现代化是以人民为中心的现代化，是注重发挥农民主体作用的现代化。综合整治强调农民在整治中的利益共享，有效吸引农民全程参与到整治的各个环节。

第四章

资源环境承载力和国土
空间适宜性评价

第一节 资源环境承载力评估

一、概念

资源环境承载能力评价是对一个地区生态环境所能承担经济开发造成环境污染和生态破坏水平的评价。资源环境承载能力是在区域内进行资源、能源开发以及污染物排放却不破坏原有生态系统平稳运转的能力。它是一定地域空间范围内生态系统不受干扰下所能承担的最大的资源开发和经济建设活动。通过资源最大可开发阈值、自然环境的环境容量和生态系统的生态服务功能的量的确定，可以得到一定地域空间的资源环境承载能力评价（Liu R. et al.，2020）。资源环境承载力是指"在确保自然资源得到适当开发利用，社会环境系统能够保持良好循环的前提下，某个时期范围内，特定区域的资源、环境能够承载人类活动的最大限度（邱语，2020）"。本书所探讨的资源环境承载力概念是从自然资源、自然环境、社会资源和社会环境层面出发，探讨研究区内环境要素、资源总量与社会活动、经济发展的平衡点（卢静，2021）。

二、目的和作用

资源环境承载力评价是在一定时期内，基于当时的经济、科学技术发展状况，对生产、建设等活动的最大水平的评估（李园，2020）。它对区域空间优化布局、结构调整、城市发展建设方向都有一定的指导作用。通过资源环境承载力评价，对区域内资源禀赋和利用水平进行评估，分析区域各要素对建设开发活动的支撑力度，为城市建设方向和资源开发水平的确定提供数据支撑。

通过资源环境承载能力评价，能够分析区域资源禀赋和环境条件，明确区域资源开发和经济建设的短板和风险，合理划定生态保护空间、农业生产空间和城镇建设空间，实现国土空间布局优化、经济建设方向明确、人民生活健康幸福的目标。

三、研究进展

英国政治经济学家托马斯·马尔萨斯（Thomas Robert Malthus，1798）是第一个提出环境因素能够限制人类社会经济发展和物质增长的科学家。1798年，他出版了《人口原理》，该书首次将人口适度理论和承载力思想进行结合讨论（张太海等，2012）。20 世纪初期，随着人类社会与自然环境矛盾加剧，承载力概念逐渐被应用到生物学等科学领域。

"环境承载力"最早出现于 20 世纪 70 年代，融合了环境容量理念。20世纪 60～70 年代，"罗马俱乐部"成员运用系统动力学模型对全球范围内的资源、环境与人之间的关系进行评价，并构建"世界模型"（高吉喜，2001）。

20 世纪 80 年代，联合国教科文组织（UNESCO）在资源承载力的定义中融入了人口容量的理念，认为资源承载力是一定地域内，基于当时的社会发展水平，资源环境所能持续供给的最大人口容量（Malthus T. R.，1978）。

伴随着全球资源紧张与环境恶化，很多学者将环境承载力引入生态学、地理学等学科，开展了一系列研究。例如弗朗西斯·奥卡福尔（Okafor，1987），以人均耕地面积、休耕指数和破碎化指数为自变量来衡量尼日利亚东南部人口稠密的阿沃卡－内维（Awka-Nnewi）地区的土地资源承载力和人口密度之间的关系。布拉舍等（Brasher et al.，2007）对美国俄亥俄州主动和被动管理湿地的能量承载力进行了估算，进而对北美水禽管理计划的栖息地保护提供建议。有专家提出了一种基于环境资源区划和区域内分区的承载力确定方法（Vujko, A. et al.，2017），主张回归到确定最大适当用户数的思想上来，最后运用 Lavery 和 Stanev 公式计算了不同分区的承载力。高云云和邱尹浩（Ko，Y. et al.，2020）基于城市新陈代谢的概念，即城市地区资源投入与产品产出，使用模糊德尔菲法开发评价因素与网络分析法和综合决策工具来确定每个策略的优先级权重和评价城市发展策略，为城市的未来发展提供了参考（Ko，Y. et al.，2020）。

国内对资源环境承载力的研究较国外起步稍晚，可追溯到 20 世纪 90 年代。在生态环境恶化、自然资源短缺的严峻形势下，资源环境承载力是我国资源环境科学研究的重点内容。1991 年，北京大学环科中心发表的《我国沿海新经济开发区环境的综合研究》报告中首次定义了"环境承载力"的概念。1997 年，唐剑武等学者分析研究了相关理论定义，同时对资源环境承载力的特点进行了总结，并通过进一步研究，确定在不同政策行为作用下环境承载力的大小（唐剑武等，1997）。

近年来，我国专家学者从不同环境因素对资源环境承载力展开研究，包括单因素承载力研究、多因素承载力综合研究、综合评价研究和资源环境承载力的应用与实践四个领域。例如，杨秋林采用模糊综合评价模型评估山西省的水资源承载力，结果表明，总体上山西省的水资源承载力处于第二个等级，即当前水资源开发规模较大，未来可开发的水资源较少（杨秋林，2009）。李元仲等对鲁南经济带的地质环境情况进行评价，采用傅勒三角形法对指标进行赋值，并采用专家聚类法和栅格叠图法对全区进行脆弱性分类和对重点城市的地质环境适宜性进行评价，得出重点城市的地质环境为基本适宜与适宜（李元仲等，2014）。

许明军和冯淑怡等从协调度和协调发展度对江苏省的资源环境内部各要素的协调发展程度进行测量，结果显示，江苏省各城市的资源和环境要素间协调度均较高，并根据结果建议了江苏省不同区域的发展方向（许明军等，2018）。杨亮洁等关注生态质量问题，以河西走廊地区为研究对象，采用耦合分析法测算河西走廊的生态承载力和生态环境耦合协调度，得到了各区域生态环境质量条件，对区域发展战略的制定提供了借鉴（杨亮洁等，2020）。李龙等研究了县域的资源环境承载力，从生态、建设、农业三个方面构建资源环境承载力指标，对指标进行分级赋权，并进行 GIS 绘图，直观展现了宁远县不同功能的承载力现状（李龙等，2020）。

第二节 国土空间开发适宜性评价

一、概念

国土空间开发适宜性评价是基于一定区域内资源环境状况，对开展经济建设和资源开发活动的适宜水平的评价。它利用区域地理元数据，进行核查补充，结合 GIS 等技术，对资源环境承载力和区域发展前景展开评估。通过国土空间开发适宜性评价，可以明确区域开发适宜程度，为国土空间格局优化和结构调整提供理论依据，构建科学、合理的土地利用格局，推动人与自然和谐发展。

国土空间开发适宜性评级可以衡量区域发展规划的合理水平（张奕凡，2018），结合区域资源状况、经济结构、产业条件、政策措施等要素，判断地区发展方向的适宜性。国土空间开发适宜性评价要基于区域的资源本底和环境状况，对区域经济增长和城镇建设水平进行测算，科学选择适宜区域进行空间开发和建设。它以等级性、差异性、相似性为原则，对区域空间布局进行优化，提高空间开发的效率，合理利用资源，保护生态环境，推动区域可持续发展。国土空间开发适宜性评价通过适宜性分区进行区域发展导向，在自然条件优越区域开展农业生产，环境体量大且土地产出效益低的区域进行工业生产和城镇建设，降低经济发展对资源环境的破坏，促进资源开发与环境承载力相协调（周静，2019）。

1969 年，麦克哈格首次提出土地适宜性理念，认为土地的社会价值是由其自然价值决定的，突出内在的土地适应性。（伊恩·伦诺克斯·麦克哈格，1969）。1967 年，联合国农粮组织（FAO）颁布了《土地评价纲要》，建立起标准化的土地评估系统，确定了农地适宜性概念（FAO. A Framework for Land Evaluation，1976）。20 世纪 90 年代以后，我国将建设用地、未利用地等纳入国土空间开发适宜性体系中。随着可持续理念的发展和地理信息系统技术的应用，评价方法不断拓展，以 GIS 空间叠加分析、多目标决策、人工智能（AI）法为核心，结合景观生态法、生态位法、阻力—引力模型法等建立完整的方法体系。之后，人本主义的发展将公众参与引入到适宜性评价研究（刘小波等，2021）。20 世纪 70 年代后，我国引入国外的土地评价方法，逐渐形成自己的土地评价系统。早期开展的适宜性评价多具有大尺度、普查性、以生产实践为导向的特征。例如，黄淮海平原农业治理、黑龙江土地考察、秦岭山区开发等项目，以探清资源本地，为生产建设服务。可持续理论发展使人们越发重视对资源环境的保护，土地适宜性评价中关于中小尺度的土地资源开发建设活动受到限制（史同广等，2007）。当前，我国的土地适宜性评价经过了一系列发展阶段，已经形成了丰富、完善的理论研究系统。我们可以将土地适宜性评价理解为一定地域空间范围内，在由多种因子组成的环境条件下进行某种土地利用的适宜程度，即某一土地单元对于某一利用方式的满足程度（喻忠磊等，2015）。从理论上建立起"适宜性＋限制性"的逻辑体系，强调土地的自然、社会特征而在评价方法上注重多因素叠加的效果，结合空间交互作用，突出土地空间利用过程。2007年之后，理论和方法的革新使空间规划体系不断完善。樊杰等学者发表的关于地域功能和空间功能分区理论对国土空间开发适宜性概念的形成有着奠基作用（樊杰，2007），从土地适宜性评价向国土空间规划的过渡中，其被赋予一些新的特征。逻辑上，由单一的城镇开发为目的转向以生态保护和底线思维为核心原则的地域功能集成。价值上，兼顾经济发展和生态保护，在不破坏环境质量的前提下开展城镇建设。在自然资源部发布的《资源环境承载能力与国土空间开发适宜性评价指南（试行）》中，国土空间开发适宜性评价的概念被界定为在某一地区能源环境中，能维持资源开发建设活动，而不破坏生态系统平衡的最大能力（岳文泽等，2021）。

二、目的和作用

国土空间开发适宜性评价是对国土资源的整合，是以多目标导向为基础，确定一定空间开展某类活动的适宜性，增强空间综合利用效益。国土空间开发适宜性评价的理念来源于土地适宜性评价，但相对于土地适宜性评价，其更侧重于空间属性，强调空间布局的综合性，其评价指标更加多元。

国土空间开发适宜性评价以供给人类生存、发展为目的，打造多功能复合空间，实现空间利用高效化。国土空间开发适宜性从空间视角出发，对国土空间进行功能定位、组织结构研究，提高空间开发利用适宜性。国土空间开发适宜性评价基于区域人口、产业、资源、能源等状况，对区域经济建设、农业生产和环境保护等活动的适宜程度进行评判。进行国土空间适宜性评价能够对国土空间综合整治和修复提供参考，合理编制土地规划，进行生态修复和国土空间优化及结构调整。

三、研究进展

国土空间适宜性评价起源于土地适宜性评价，土地适宜性评价已形成了较为丰富、完整的理论研究体系。土地评价系统由美国农业部土壤保持局于1961 年首次提出，此后，其他国家纷纷借鉴该系统，开展了土地评估工作和研究。到 20 世纪 70 年代，许多国家建立了自己的土地评估体系，但没有形成统一的土地评估体系。为实现标准化，联合国粮农组织对各国土地评价体系的不足进行了总结和修订，于 1976 年发布了《土地评价纲要》。之后，学者主要针对生态环境和土地进行适宜性评价，以期提高土地生产率。近年来，国外土地适宜性研究主要集中在气候变化、土地利用变化、可持续性、农业、土地适宜性等多个方面。

国内从 20 世纪 80 年代开始，国土空间适宜性评价由缓慢发展到高速发展阶段，国土空间适宜性评价对生态学、地理学、环境评价、规划学等学科关注度逐渐增加，研究区域主要集中在半城市化地区、城乡接合部、农村居民点、旅游地、生态脆弱区等区域，研究地形地貌主要有丘陵沟壑、高原、平原、低山缓坡等类型，研究内容主要集中在适宜性评价、土地利用、土地复垦、土地资源、国土空间规划、区划等方面。

我国较系统地开展土地利用评价始于 20 世纪 50 年代的宜农荒地调查，20 世纪 80 年代，中国科学院组织汇编了《中国 1：100 万土地资源图》，从土地自然属性评价土地潜力和土壤生产力，对农林牧生产的适宜性进行了划分。同时，基于特定目的的单项评价也如火如荼地展开，如草地资源评价、土地人口承载力评价等，形成了诸如《土地评价纲要》等纲领性文件，丰富了土地利用适宜性评价的研究内容（傅伯杰，1987）。20 世纪 90 年代以来，建设用地适宜性评价逐渐成为了土地评价的热门话题，随着科学技术的发展，开始利用"3S"技术进行适宜性研究；进入 21 世纪后，人口膨胀、经济发展、科技进步加速了人类对自然资源的攫取速度，环境破坏、生态失衡等问题开始显现，土地适宜性研究的重点转为生态与环境因素在土地评价中的作用（许嘉巍，1999）。随着城镇、农业和生态空间矛盾加剧，《全国主体功能区规划》《全国国土规划纲要（2016 - 2030 年）》等一系列明确国土空间适宜性任务政策文件应运而生，旨在保护生活空间，通过扩大生态空间和压缩建设空间来调整优化国土空间（杜鑫，2020）。

第三节　西藏自治区资源环境承载力和适宜性评价案例分析

一、案例区概况

（一）自然地理条件

西藏自治区地处我国西南边陲，根据西藏自治区2015年国民经济和社会发展统计公报（西藏自治区统计局，2015），全区面积为120.22万平方千米，北与新疆、青海毗邻，东与四川相望，东南与云南相连，与尼泊尔、不丹、印度、缅甸和克什米尔地区接壤，边境线全长4000多千米，约占全国国土面积的1/8，为我国第二大省（区）。

西藏是青藏高原的主体部分，内部有四个地形区域：藏北高原、藏南谷地、藏东高山峡谷、喜马拉雅山地。气候特征复杂多样，太阳辐射强烈，日照时间长，昼夜温差大。由于海拔较高，气压低，空气稀薄（西藏自治区人民政府，2018）。

1. 地形地貌。地势总体呈西北高、东南低，高原内部原始高原面保存完好，周边切割强烈，有高原、山地、山间平原（平地）、峡谷等多种地貌类型。全区海拔4000米以上地区约占全区土地总面积的92%。地质历史年轻，上新世末至第四纪新构造上升运动强烈，地层复杂，第四系松散沉积物广泛分布。

2. 气候。植被区系成分复杂，分布着高山冰缘稀疏植被、荒漠、草原、草甸、灌丛、森林等多种植被生态系统类型，区内成土条件复杂，土壤类型繁多。年降水量由东南向西北逐渐减少，纬度地带和垂直地带性明显，东南部高山深谷区发育了以热带或亚热带为基带的完整的气候垂直带谱，从东南往西北可划分出热带、亚热带、高原温带、高原亚寒带和高原寒带等气候带。太阳辐射强烈，日照时间长，年日照时数为1443.5~3574.3小时。气温年较差和日较差较大，年平均气温为-2.4℃~12.1℃，大部分地区气温日较差在15℃以上。

3. 水文。西藏自治区的水资源丰富，河湖、冰川分布众多，占全国首位。冰川面积约2.74万平方千米，约占全国冰川面积的48%。区内的湖泊以构造湖为主，还有冰川湖、堰塞湖等；内陆湖泊的总面积约占全区湖泊总面积的 98%，集中分布于藏北的羌塘高原。那曲地区和阿里地区分布有大量的湿地，西藏自治区的地下水资源较丰富，区内地表径流的 1/3 为地下水补给。降水量区域差异明显，总体呈现为东南多、西北少。

（二）社会经济条件

西藏自治区是我国主要的牧区之一，农牧业是经济的主体。农作物主要有青稞、小麦、玉米等；牲畜主要有牦牛、绵羊、山羊、黄羊等；藏药有虫草、天麻、贝母、灵芝等，在全国有较高的知名度。经过近些年发展，初步形成了藏药、农畜产品深加工和民族手工、绿色食品饮品加工、矿产、建筑建材等支柱产业（西藏自治区人民政府，2018）。

1. 行政区域与人口。根据西藏自治区 2015 年国民经济和社会发展统公报（西藏自治区统计局，2015），西藏自治区内设拉萨市、昌都市、日喀则市、林芝市四个市区及山南地区、那曲地区、阿里地区三区。2015 年，自治区总人口为 323.97 万人，自然增长率为 10.65%，其中，农业人口 234.10 万人，非农业人口 89.87 万人，城镇化率 27.74%，男女比例为 50.71∶49.29。

2. 经济发展。随着西藏地区经济的提高以及制度的完善，人民的生活质量不断提高，社会发展呈现稳中向好的局面，但总体落后于全国平均水平，农牧区人口比重大，城镇化和工业化水平较低，基本公共服务和基础设施建设亟待加强。2015 年，全区生产总值为 1026.40 亿元，净增长 11%，人均生产总值达到 31681.95 元，同比增长 9.39%；全社会固定资产投资为 1342.16 亿元，较 2010 年增长 190%；全社会消费品零售总额 408.08 亿元，较 2010 年增长 120%；地方财政收入 176 亿元，较 2010 年增长 310%；城镇居民人均可支配收入 25457 元、农村居民人均可支配收入 8244 元，分别比 2010 年增长 66.8%、100%。自治区生产总值增速较快，由 1995 年的 56.11 亿元增加到 2015 年的 1026.40 亿元。三次产业结构不断发生调整，由 1995 年的 41.8∶23.6∶34.6 调整至 2015 年的 9.4∶36.7∶53.9，其中，第三产业产值在 1997 年达到 31.13 亿元，所占比重为 40.3%，高于第一、第二产业，成为自治区的主导产业。

2018 年，地区生产总值 2132.64 亿元，同比增长 1.1%。一般公共预算收入（同口径）217.09 亿元，同比下降 2.9%。城镇居民人均可支配收入和农村居民人均可支配收入分别为 48753 元和 18209 元，分别增长 4.8% 和 7.5%（西藏自治区人民政府，2018）。

（三）资源现状分析

1. 土地资源。据 2015 年全国第二次土地利用现状调查（以下简称二调）变更数据，自治区土地总面积 12021.89 万公顷，人均占地 37.11 公顷；农用地占总面积的 83.84%，其中，耕地占总面积的 0.37%，人均耕地 0.14 公顷。但区内各地状况不同，如阿里地区、昌都市、拉萨市、那曲地区人均分别为 0.04 公顷、0.14 公顷、0.08 公顷、0.01 公顷，低于或等于全自治区人均耕地面积；林芝市、日喀则市、山南市分别为 0.34 公顷、0.24 公顷和 0.38 公顷，高于人均耕地面积。

全自治区建设用地 17.30 万公顷，占全自治区总面积的 0.14%。随着边境城镇、特色文化旅游的兴起，自治区形成以拉萨市为中心、周边地区为支点，县城、城镇为网络的城镇化体系。自治区内城市化和城镇化率逐步提高，公共基础设施日益完善，城镇交通、通信、给排水、道路等体系日益健全。全自治区未利用地 1925.23 万公顷，占全省土地总面积的 16.01%（见表 4 - 1）。

表 4 - 1　　　　　　　　　土地利用现状表

地类	一级类	二级类	面积（万公顷）	比例（%）
农用地	耕地	水田	4.15	0.03
		水浇地	26.64	0.22
		旱地	13.51	0.11
		小计	44.30	0.37
	园地	果园	0.14	0.00
		茶园	0.02	0.00
		其他园地	0.00	0.00
		小计	0.16	0.00
	林地	有林地	975.87	8.12
		灌木林地	595.99	4.96
		其他林地	30.79	0.26
		小计	1602.65	13.33
	草地	天然牧草地	7066.51	58.78
		人工牧草地	2.72	0.02
		其他草地	1363.03	11.34
		小计	8432.26	70.14
		合计	10079.36	83.84

地类	一级类	二级类	面积（万公顷）	比例（%）
建设用地	城镇村及工矿用地	城市	0.76	0.01
		建制镇	1.50	0.01
		村庄	6.26	0.05
		采矿用地	0.96	0.01
		风景名胜及特殊设施用地	0.56	0.00
		小计	10.03	0.08
	交通运输用地	铁路用地	0.26	0.00
		公路用地	3.38	0.03
		农村道路	3.52	0.03
		机场用地	0.11	0.00
		港口码头用地	0.00	0.00
		小计	7.27	0.06
	合计		17.30	0.14
未利用地	水域及水域设施用地	河流水面	46.15	0.38
		湖泊水面	305.49	2.54
		水库水面	0.61	0.01
		坑塘水面	0.14	0.00
		内陆滩涂	137.11	1.14
		沟渠	0.41	0.00
		水工建筑用地	0.11	0.00
		冰川及永久积雪	204.08	1.70
		小计	694.10	5.77
	其他土地	设施农用地	0.37	0.00
		田坎	3.23	0.03
		盐碱地	58.41	0.49
		沼泽地	4.53	0.04
		沙地	5.27	0.04
		裸地	1159.31	9.64
		小计	1231.13	10.24
	合计		1925.23	16.01
总计			12021.89	100.00

资料来源：2015年第二次土地利用现状调查变更数据。

2. 水资源。西藏自治区地处西南边境，地理位置特殊，地形地貌复杂，气候各异，经济发展水平较低。虽然自然资源丰富，但开发利用存在一定困难。水资源总量丰沛，多年平均水资源总量 4394 立方千米，占全国总量的 16.50%。降水量年际变化趋稳，年内变化波动大，六到九月降水约占全年降水总量的 80%，且河湖众多，水资源时空分布不均，开发利用难度较大。人口分散，水利基础设施建设困难。西藏自治区自然条件恶劣，生态治理难度大，资源开发中以保护治理为主，且边境线长，众多河流下游地区为别国，水安全战略尤为重要。西藏边境线长达 4000 多千米，涉及墨脱等 21 个县，分布有雅鲁藏布江、怒江、朗钦藏布等 59 条跨国河流。

自治区内流域面积大于 10000 平方千米的河流有 20 余条，大小河流数百条，加上季节性流水的间歇河流在千条以上。西藏的湖泊面积约 250 多万公顷，占全国湖泊面积的 30%。金沙江、澜沧江、怒江、雅鲁藏布江等大河都流经西藏，其中，怒江、雅鲁藏布江发源于西藏。地下水资源总量约 1107 亿立方米。自治区内冰川面积约 2.74 万平方千米，占全国冰川总面积的 46.7%，冰川水资源总量为 332 亿立方米（西藏自治区自然资源厅，2019）。

3. 矿产资源。西藏自治区位于阿尔卑斯—喜马拉雅成矿带上，是全球巨型成矿带之一。矿产资源有铬、铜、铅、锌等多种，资源丰富，开发潜力大。到 2015 年止，西藏自治区累计发现矿种（含亚种）102 种，查明资源储量的有 42 种（见表 4 - 2）。已发现的优势矿产有铬、铅、铜、银、锌、铁、钼、硼、金、锑等。全区共有 328 处已查明资源存储量的矿区，包括 37 处黑色金属矿产，28 处能源矿产，140 处有色金属矿产，241 处金属矿产，58 处非金属矿产，59 处贵金属矿产和 5 处稀有、稀土、分散元素，39 处化工原料非金属矿产、两处冶金辅助原料非金属矿产、17 处建筑材料及其他非金属矿产。

4. 旅游资源。西藏自治区旅游资源丰富且独特，有珠峰、藏北羌塘、藏东南雅鲁藏布大峡谷等国家级自然保护区和雅砻国家级风景名胜区。人文景观独特，有 1700 多座保护完好的寺庙，其中布达拉宫、大昭寺被列为世界文化遗产，拉萨、日喀则、江孜获评国家级历史文化名城（西藏自治区人民政府，2018）。

（1）自然旅游资源。西藏自治区自然旅游资源分布广泛，种类繁多，其中包括森林公园、湿地公园、重点风景名胜区等（见表 4 - 2）。

（2）地质与人文旅游资源。西藏地质环境特殊，拥有多种形态的地貌景观、地质构造、地层剖面、古生物化石、古人类遗址、矿物、岩石、水体和地质灾害遗迹等。西藏地质遗迹众多，有易贡、札达土林、羊八井国家地质公园以及日多温泉自治区级地质公园等。另外，自治区内人文旅游资源也十分丰富多彩，其中最著名的就是世界文化自然遗产布达拉宫。

表 4－2　　　　　　　　西藏自治区内主要自然旅游资源

类型	名称	级别
风景名胜区	纳木错—念青唐古拉山风景名胜区	国家级
	唐古拉山—怒江源风景名胜区	
	雅砻河风景名胜区	
	土林—古格风景名胜区	自治区级
	曲登尼玛风景名胜区	
	梅里雪山（西坡）风景名胜区	
	卡日圣山风景名胜区	
	卡久风景名胜区	
	勒布沟风景名胜区	
	扎日风景名胜区	
	哲古风景名胜区	
	鲁朗林海风景名胜区	
	三色湖风景名胜区	
	娜如沟风景名胜区	
	荣拉坚参大峡谷风景名胜区	
	神山圣湖风景名胜区	
森林公园	西藏巴松湖国家森林公园	国家级
	西藏色季拉国家森林公园	
	西藏玛旁雍错国家森林公园	
	西藏班公湖国家森林公园	
	西藏然乌湖国家森林公园	
	西藏热振国家森林公园	
	西藏姐德秀国家森林公园	
	西藏尼木国家森林公园	

续表

类型	名称	级别
湿地公园	西藏多庆错国家湿地公园	自治区级
	西藏嘎朗国家湿地公园	
	西藏雅尼国家湿地公园	
	西藏当惹雍错国家湿地公园	
	西藏嘉乃玉错国家湿地公园	
	西藏年楚河国家湿地公园	
	西藏朱拉河国家湿地公园	
	西藏拉姆拉错国家湿地公园	

资料来源：西藏自治区主体功能区规划（2014 年）。

二、资源承载力评价

（一）指标体系构建

以土地资源、生态环境、地质条件等资源要素为基础，分析土地开发建设的影响要素，如优质耕地、生态红线区、地形坡度、天然牧草地、地壳稳定性、突发性地质灾害、缓变性地质灾害等，结合资料对比，对要素进行评价分级。

在开发建设中不同因素起不同作用，如生态红线、永久基本农田对开发建设活动限制性较高。相同因子在不同级别的开发建设中所起作用也不同，如同一开发建设活动，优质耕地比低质耕地的限制性强，陡坡比缓坡限制性较强。根据各因素对建设开发中限制强弱水平分类，可分为强限制性因子和较强限制性因子，前者包括生态红线、行洪通道、永久基本农田、地质灾害高发区、永久冰川、戈壁荒漠等，后者包括优质耕地、园地、林地、草地、地裂缝、地震活动及地震断裂带、蓄滞洪区等（见表 4－3）。

表 4－3　　　　　国土空间开发限制性评价指标体系表

准则层	因子层	分类
自然地理	高程	海拔 4100 米以上
	坡度	25°以上
		8～25°
		0～8°

准则层	因子层	分类
生命安全	滑坡崩塌 泥石流易发区	高易发区
		中、低易发区
		非易发区
	地面沉降	严重沉降区
		较严重沉降区
		一般沉降区、轻微或稳定区
	全国活动断层影响分区	严重影响区
		较严重、轻微或稳定区
	矿山占用地	塌陷地
		采场、固体废弃物、中转场地及矿山建筑
		非矿山占用土地
	岩溶塌陷易发分区	高易发区
		中、低易发区及不易发区
生态安全	规划禁止建设区	土地利用总体规划数据库中禁止建设区
	地质遗迹及地质景观	核心区
		保护区及缓冲区
	生态用地	Ⅰ级保护林地、生态红线范围内林地、湖泊水面、河流、水库水面、滩涂、沼泽、冰川、沙地、其他草地、盐碱地、裸地
		有林地、天然草地、人工牧草地
		灌木林地、其他林地
粮食安全	基本农田	基本农田
	一般农用地	优质耕地
		一般耕地、设施农用地、园地、耕地后备资源

资料来源:《资源环境承载能力与国土空间开发适宜性评价技术规程》(DB36/T 1357 - 2020)。

(二)综合评价

1. 评价方法。根据开发限制性单因子评价结果,采用木桶原理,取单因子评价中潜力最小的因子直接分析,明确开发建设短板;根据专家打分法确定因子权重,最终依据各单因子评价得分进行系数调整作为综合承载力值,将结果划分为强限制、限制、弱限制、无限制四个等级。

　　根据建设开发适宜性对评价因子进行量化分级。采用专家打分法，分别对强限制因子和较强限制因子赋值。强限制因子赋值为 0 或 1，较强限制因子按等级 0 - 100 赋值（见表 4 - 4）。

表 4 - 4　　　　　　　　　　建设开发适宜性评价因子表

因子类型	因子	分类	适宜性分值
强限制性因子	永久基本农田	永久基本农田	0
		其他	1
	采空塌陷区	严重区	0
		非严重区	1
	生态红线	生态红线区	0
		其他	1
	行洪通道	行洪通道	0
		其他	1
	难以利用土地	永久冰川、戈壁荒漠等	0
		其他	1
较强限制性因子	地震活跃及地震断裂	地震设防区	0.4
		其他	1
	一般农用地	高于平均等耕地	0.6
		低于平均等耕地	0.8
		园地、林地、人工草地	0.9
		其他	1
	坡度	15°以上	0.4
		8 ~ 15°	0.6
		2 ~ 8°	0.8
		0 ~ 2°	1
	突发地质灾害	高易发区	0.4
		中易发区	0.6
		低易发区	0.8
		无地质灾害风险	1
	蓄滞洪区	重要蓄滞洪区	0.4
		一般蓄滞洪区	0.6
		蓄滞洪保留区	0.8
		其他	1

资料来源：《资源环境承载能力与国土空间开发适宜性评价技术规程》（DB36/T 1357 - 2020）。

之后，采用限制系数法计算建设开发限制性分值。

$$E = \prod_{j=1}^{m} Ff \times \sum_{k}^{n} wkfk \qquad (4-1)$$

其中，E 是综合限制性分值；j 是强限制性因子编号；k 是限制性因子编号；Ff 是第 j 个强限制性因子限制性分值；fk 是第 k 个限制性因子限制性分值；wk 是第 k 个限制性因子的权重；m 是强限制性因子个数；n 为限制性因子个数。

按照限制性评价分值结果，建设开发限制性可以分为四种：0～0.39 为强限制；0.4～0.59 为限制；0.6～0.79 为限制；0.8～1 为无限制。最适宜开发区域是非强限制因子分值最高且不在强限制因子范围内的区域（见表4－5）。

表4－5 限制性等级划分依据

评价分值	0～0.39	0.4～0.59	0.6～0.79	0.8～1
限制等级	强限制	限制	弱限制	无限制

2. 限制性评价结果分析。根据最终限制性等级，自治区大部分区域属于强限制区，强限制区面积达到 10820.39 万公顷，占自治区面积的 90.01%；其次是限制区，限制区面积为 1149.44 万公顷，占自治区面积的 9.56%；弱限制和无限制区仅有 54.75 万公顷，仅占自治区面积的 0.43%，该区域主要分布在拉萨—日喀则"一江两河"片区、昌都"三江流域"片区、藏东南地区以及一些边境沿线地区。

西藏是青藏高原的主体部分，平均海拔高度在 4000 米；自治区拉萨、日喀则的河谷地区地势较为平缓，而藏东地区地势较陡；2015 年，滑坡泥石流高易发区共涉及 28806 处，中易发区涉及 42616 处，低易发区共计 13779 处；自治区活动断层主要有东西向活动断带、南北向活动断带和北西、北东向活动断带；采场用地占用土地主要在日喀则、阿里和那曲市，塌陷地、固体废弃物占用土地主要分布在昌都和那曲市，中转场地、矿山建筑占用土地则主要在拉萨、昌都、日喀则等地；自治区岩溶塌陷绝大部分为低易发区；至2015 年底，全区共建立 7 处各种类型、不同级别的地质遗迹保护区（地质公园），总面积 8337.58 平方千米；重要生态保护区 63 处；生态用地面积广阔；基本农田分布零散且图斑较为破碎。

从评价结果来看，资源环境承载力强限制区占大部分，弱限制区主要分布在藏东南区域，无限制区只在城关区和日喀则市周围和中心有所体现。

三、国土空间开发适宜性评价

（一）开发适宜性评价指标体系

1. 评价指标选取。开发建设适宜性评价要基于资源环境承载力状况，结合人口、土地、环境、技术设施等要素，分析自治区空间开发的适宜区域和水平，为区域发展指明方向。为此，在开发限制性评价的基础上，采用人口空间聚集度、经济发展水平、交通优势度和人均可利用土地资源等四项指标作为国土空间开发适宜性评价的评价指标（见表4-6）。

表4-6　　　　　　　　　开发适宜性评价指标体系表

评价层	指标层	指标因子
空间开发适宜性评价	人口空间聚集度	人口总量
		暂住人口数量
		国土面积
		人口密度
		人口流动强度
	经济发展水平	GDP
		人均GDP
		GDP增长率
	交通优势度	公路网密度
		铁路技术等级
		公路技术等级指标
		机场技术等级指标
		区位优势度
	人均可利用土地资源	适宜建设用地面积
		已有建设用地面积
		基本农田面积
	空间开发限制性评价	开发限制性评价结果

资料来源：《资源环境承载能力与国土空间开发适宜性评价技术规程》（DB36/T 1357-2020）。

国土空间开发适宜性评价以县级行政界线为评价单元，采用层次分析法与主成分分析法进行评价，最终根据各指标因子得分，划分为适宜、较适宜、较不适宜、不适宜四个等级。

2. 评价方法。采用客观赋权法中的主成分分析法确定各个评价权重，具体步骤如下。

（1）建立数据矩阵。

$$X(样本) = \begin{pmatrix} x_{11} & x_{12} & \cdots & x_{1p} \\ x_{21} & x_{22} & \cdots & x_{2p} \\ \vdots & \vdots & \vdots & \vdots \\ x_{n1} & x_{n2} & \cdots & x_{np} \end{pmatrix} \qquad (4-2)$$

原始数据中度量单位和测量范围的差异会导致因子反差的变化，计算中可以通过原始数据的标准化处理去除影响。上式处理后，得到标准化原始数据矩阵为：

$$\overline{X} = (\overline{x}_{ij})_{n \times p} \qquad (4-3)$$

其中

$$\overline{X}_{ij} = (x_{ij} - \min\{x_i\})/(\max\{x_i\} - \min\{x_i\}) \qquad (4-4)$$

$$j = 1, 2, \cdots, p, i = 1, \cdots, n$$

（2）计算相关矩阵 R，上述标准化后的 P 个标准化指标 X_j（$j = 1, 2, \cdots, p$）的两两相关系数矩阵为：

$$R = (r_{ij})_{p \times q} = \frac{1}{n-1}(\overline{X}^T - \overline{X}) \qquad (4-5)$$

然后解方程 $|R - \lambda E| = 0$，计算相关矩阵的特征值 λ_i，即为公因子 F_i 的方差，其大小与影响率有关。按累积贡献率原则（一般大于 85%），综合考虑实际状况，选取适合的公因子个数。

（3）计算主成分 F_i 的贡献率和累计贡献率。

（4）计算主成分 F_i 与标准化样本 ZX_i 的因子载荷矩阵。

（5）计算各主成分得分，建立综合因子得分模型，计算综合得分。

（二）空间开发适宜性综合评价

国土空间开发适宜性是一定地域空间内进行工业化生产和城镇化建设的适宜水平，要反映区域自然资源储备情况，还要与当前经济发展基础和潜力相关。国土空间开发适宜性评价研究国土空间是否符合预期用途以及适宜或者限制状况，对内部子系统的优劣状况进行评判，根据结果选择适宜开发的项目。国土空间开发适宜性包含了自然属性和社会属性，是国土空间开发的重要依据，对区域生产建设、空间规划、产业布局具有重要的支撑作用。

1. 评价方法。当前，多目标、多属性综合的评价方法是进行适宜性评价的重要方法。简单叠置分析具有一定的薄弱性，对指标权重差异及指标之间相互关系的界定存在缺陷，导致统计结果出现误差。多指标综合叠置分析解决了这类问题，并能够与 GIS 技术结合，进行适宜性评价。多目标综合评价虽然能够定义多个目标函数，评价空间单元内不同开发方式的适宜水平，以此来确定最佳的开发模式，但其在地理信息系统环境中操作复杂的数学规划运算仍存在困难。多属性综合评价在确定权重计算加权综合方面主要运用逻辑运算及多元综合计算法，结合多种确权方法，如层次分析法（AHP）、线性加权、极值法、优劣解距离法、有序平均加权法等。一些学者为更好地挖掘内部子系统适宜性结构特征，以影响因子和适宜性之间相互关系为基础搭建互斥矩阵进行逻辑组合判断，而数理统计方法仍旧适用于不同类别的指标拟合运算。有限方案多目标决策借助于其简单方便的操作、快捷的运算，已成为广泛使用的方法之一，但分析因素过于依靠 GIS 技术且指标权重赋值仍然是一个难题。

2. 开发适宜性评价结果分析。从评价结果来看，空间开发适宜的地区分布在日喀则市、曲水县、堆龙德庆县和城关区，面积约为 0.84 万平方千米，占自治区总面积的 0.70%；开发较适宜的地区分布在比如县、墨竹工卡县等县（区），面积约为 8.15 万平方千米，占自治区总面积的 6.78%；开发较不适宜的地区分布在林芝县、那曲县等县（区），面积约为 30.61 万平方千米，占自治区总面积的 25.46%；开发不适宜的地区分布在改则县、申扎县等藏北区域，面积约为 80.62 万平方千米，占自治区总面积的 67.06%（见表 4-7、表 4-8）。

表 4-7　　　　　　　　　　空间开发适宜性评价

行政区名称	人口聚集度	经济发展水平	交通优势度	人均可利用土地资源	综合评价	等级
安多县	1.00	1.49	1.36	1.00	1.00	不适宜
昂仁县	1.00	1.56	1.94	1.69	1.00	不适宜
八宿县	1.00	2.68	2.02	4.36	1.00	较不适宜
巴青县	1.00	3.39	1.20	3.75	1.00	较不适宜

行政区 名称	人口 聚集度	经济发展 水平	交通 优势度	人均可利用 土地资源	综合评价	等级
白朗县	1.47	3.42	3.00	3.02	1.00	较适宜
班戈县	1.00	2.00	1.32	1.00	1.00	不适宜
比如县	1.03	3.47	1.55	4.82	1.00	较适宜
边坝县	1.00	2.74	1.41	3.99	1.00	较不适宜
波密县	1.00	2.28	2.35	4.94	1.00	较不适宜
察雅县	1.09	3.61	1.06	4.77	1.00	较不适宜
察隅县	1.00	1.41	1.85	4.91	1.00	不适宜
昌都县	1.35	3.63	1.66	4.76	1.00	较适宜
城关区	5.00	5.00	5.00	5.00	1.66	适宜
措美县	1.00	2.55	3.00	2.60	1.00	较不适宜
措勤县	1.00	1.26	1.27	1.00	1.00	不适宜
错那县	1.00	1.15	2.04	4.75	1.00	不适宜
达孜县	2.00	4.00	3.83	2.79	1.00	较适宜
当雄县	1.07	2.97	3.34	3.27	1.00	较不适宜
丁青县	1.06	3.28	1.43	3.83	1.00	较适宜
定结县	1.00	2.39	2.35	4.12	1.00	较不适宜
定日县	1.07	2.39	2.38	3.76	1.00	较不适宜
堆龙德庆县	1.98	4.08	4.07	5.00	1.00	适宜
噶尔县	1.00	1.88	1.45	1.00	1.00	不适宜
改则县	1.00	1.04	1.04	1.00	1.00	不适宜
岗巴县	1.00	2.17	2.79	1.46	1.00	较不适宜
革吉县	1.00	1.02	1.00	1.00	1.00	不适宜
工布江达县	1.06	2.32	3.22	4.12	1.00	较不适宜
贡嘎县	2.53	4.03	2.81	4.41	1.37	较适宜
贡觉县	1.24	3.17	1.00	4.20	1.00	较不适宜
吉隆县	1.00	1.64	1.86	3.87	1.00	较不适宜
加查县	1.00	2.96	2.76	2.80	1.00	较不适宜
嘉黎县	1.00	2.19	1.27	2.31	1.00	较不适宜
江达县	1.02	3.44	1.24	4.87	1.00	较不适宜
江孜县	1.48	3.83	3.00	3.15	1.13	较适宜

续表

行政区 名称	人口 聚集度	经济发展 水平	交通 优势度	人均可利用 土地资源	综合评价	等级
康马县	1.00	2.91	2.79	2.36	1.00	较不适宜
拉孜县	1.50	3.65	2.66	4.53	1.00	较适宜
朗县	1.17	3.32	2.69	3.83	1.00	较适宜
浪卡子县	1.07	2.99	2.39	3.56	1.00	较不适宜
类乌齐县	1.07	3.83	1.86	4.73	1.00	较适宜
林芝县	1.67	2.47	3.22	5.00	1.00	较不适宜
林周县	1.74	3.64	3.41	4.41	1.00	较适宜
隆子县	1.06	2.34	2.24	4.15	1.00	较不适宜
洛隆县	1.00	3.29	1.53	3.83	1.00	较不适宜
洛扎县	1.00	2.81	2.00	2.69	1.00	较不适宜
芒康县	1.05	3.72	1.78	4.84	1.00	较适宜
米林县	1.04	2.41	3.18	4.96	1.00	较不适宜
墨脱县	1.00	1.09	1.00	4.99	1.00	不适宜
墨竹工卡县	1.40	3.40	3.64	2.81	1.00	较适宜
那曲县	1.10	3.41	1.40	2.71	1.00	较不适宜
乃东县	2.00	3.96	3.24	3.96	1.13	较适宜
南木林县	1.52	2.98	3.00	2.91	1.00	较不适宜
尼玛县	1.00	1.46	1.22	1.00	1.00	不适宜
尼木县	1.35	3.19	3.25	2.28	1.04	较不适宜
聂拉木县	1.26	2.17	1.86	3.02	1.00	较不适宜
聂荣县	1.00	2.33	1.06	1.09	1.00	较不适宜
普兰县	1.00	1.20	1.70	1.24	1.00	不适宜
琼结县	2.00	4.20	3.00	4.17	1.00	较适宜
曲水县	2.23	4.08	4.06	4.16	1.00	适宜
曲松县	1.34	3.55	3.00	4.05	1.00	较适宜
仁布县	1.87	4.00	2.80	3.81	1.00	较适宜
日喀则市	2.07	4.21	3.39	4.78	1.03	适宜
日土县	1.00	1.06	1.80	1.23	1.00	不适宜
萨嘎县	1.00	1.62	1.76	1.39	1.00	不适宜
萨迦县	1.18	3.05	2.30	3.72	1.00	较不适宜

续表

行政区名称	人口聚集度	经济发展水平	交通优势度	人均可利用土地资源	综合评价	等级
桑日县	1.37	3.67	3.20	3.69	1.00	较适宜
申扎县	1.00	1.45	1.14	1.20	1.00	不适宜
双湖县	1.00	1.05	1.00	1.05	1.00	不适宜
索县	1.12	3.55	1.34	3.73	1.00	较适宜
谢通门县	1.09	2.04	2.46	1.47	1.00	较不适宜
亚东县	1.14	3.20	3.00	2.73	1.00	较不适宜
扎囊县	1.49	4.29	3.22	3.65	1.00	较适宜
札达县	1.00	1.00	1.00	1.19	1.00	不适宜
仲巴县	1.00	1.30	1.31	1.00	1.00	不适宜
左贡县	1.00	2.74	1.32	4.52	1.00	较不适宜

表 4 - 8　　　　　　　　　空间开发适宜性评价结果

等级	面积（万平方千米）	比例（%）
适宜	0.84	0.70
较适宜	8.15	6.78
较不适宜	30.61	25.46
不适宜	80.62	67.06
合计	120.22	100.00

第五章

国土生态系统功能评价

第一节　生态敏感性评价

一、概念

关于生态敏感性，国内外学者和专家研究的范围比较宽泛，比如学者在1980年提出了从生态敏感到生态扰动的指标（Suffling，1980），霍恩等（Horne R. et al.，1991）分析了澳大利亚雨林对选择性伐木的生态敏感性，贾格塔普等（Japtap T. G. et al.，2003）重点对湿地生态敏感区的海草生态系统进行研究。而关于生态敏感性，国内专家和学者也进行了一系列研究，并取得了突出的成绩。他们的研究尺度覆盖了国家、流域、省域等，并且从单一发展进步到综合研究；而关于研究区特征和类型，包含了矿区、农业、流域等；在土壤侵蚀的生态敏感性方面，分析了特定区域生态系统的影响（欧阳志云等，2000；徐广才等，2007；王效科等，2001；尹海伟等，2006；刘康，2003；林涓涓等，2005；莫斌等，2004）。

由此可见，生态敏感性一方面揭示了在自然和人为因素两个方面生态系统作出反应的程度，另一方面显示出在一定的发生区域内可能发生生态环境问题的概率和难易水平。生态敏感性评价实际上是根据目前存在的自然环境条件下，对于可能存在的生态环境问题进行评价和判别（徐广才等，2007）。生态敏感性不仅包括生态系统的可能性，即生态系统遭到破坏后的恢复能力，而且包括稳定性，具体指生态系统受到干扰后恢复到原有水平的适应能力。生态敏感性评价是区域生态环境恢复、保护和区域生态规划的重要依据，通过其评价，能够找出区域的分异规律，并分析和预测区域发生生态系统失衡和环境问题的可能性（欧阳志云等，2000）。

二、生态敏感性评价的作用和目的

生态敏感性评价的目的主要是指经过区分敏感区域，在自然和人为的作用下确定区域内可能产生的生态问题以及该问题所带来的风险危害水平，然后对于不同区域的生态现存状况制定对应的恢复和保护措施，以期使生态系统复原到之前的风貌，最终的目的是使区域内人与自然和谐共生，促进社会和谐发展，经济稳步提升，各方面达到持续发展的一个状态（欧阳志云等，2000）。而生态敏感性评价的作用主要是通过生态敏感性评价，使得人类在利用生态系统的过程中，可以根据不同的敏感区域制定恢复和保护措施，为合理规划和使用区域生态提供支撑，竭力减少人类对生态系统的影响和破坏（鲁敏等，2014）。

三、生态敏感性评价方法

对于不同的生态系统通常会采用不同的生态敏感性评价方法，而目前我们主要采用定性和定量结合的方法。

1. 地图叠加法。地图叠加法是根据评价因子的分布建立起单因子专题图，通过组合叠加形成复合圈。这种方法的优点是简单直观，平均看待各种因子和指标，是一种等权叠加的方式，但缺点是其忽略了不同因子对于生态系统影响的程度是存在差异性的（邹涛等，2004）。

2. 加权叠加法。加权叠加法是在 ArcGIS 的支持下，将选择的各个评价因子进行分类并分级，建立起各个评价单因子评价图，通过赋予各个不同因子的相对权重，并使用 ArcGIS 的空间叠加分析功能，通过定性和定量的方法相结合进行综合分析，最终得出生态敏感性的分布图。加权叠加法的优点在于简单操作、容易掌握，进而得到广泛的应用，但是这种方法存在的问题在于其各因子之间互相独立，且因子选择和权重的赋予对于评价者的经验要求较高，难以达到完美的评价要求（周志翔，2007）。

3. 生态因子组合法。生态因子组合法通过将各个因子归类组合并进行分析（邹涛等，2004），常用层次组合法和非层次组合法，前者主要是先将生态因子进行归类组合，然后把这种组合看作评价的新因子，继续与其他因子进行组合，最终得出判断各种评价单元的等级分布；后者则是将所有的生态因子一起组合后判断评价单元的等级，也有人将直接叠加计算法称为"非层次组合法"（周志翔，2007）。

第二节　生态系统服务功能评价

一、概念

人类很早就开始探究生态系统服务功能了，古希腊时期，柏拉图就意识到人类某些活动会对生态系统产生破坏。而在国内，人们也认识到森林对人类的意义，由此，也开始了中国风水园林的产生、发展与保护，美国乔治·马歇尔（George Marsh）在 1864 年出版了 *Man and Nature* 一书，在本书中，他介绍了自然生态系统分解动植物尸体的服务功能（王华，2007）。费尔菲尔德·奥斯本（Fairfield Osborn，1948）研究了生态系统对维持社会经济发展的意义。自然资本的概念在 1948 年第一次被沃格特（Vogt）提出。奥尔多·利奥波德（Aldo Leopold，1949）对生态系统的服务功能也开始了深层次的研究与探索。

生态系统服务功能从 20 世纪 70 年代开始成为一个科学术语，还成为生态学与生态经济学研究的分支，生态系统服务功能的"Service"一词也首次在文献中被运用，自然生态系统对人类的"环境服务"功能也被列举出来，涉及了众多方面（Study of Critical Environmental Problems，1970）。霍尔德伦等（Holdren et al.，1974）与欧利希等（Ehrlich et al.，1981）论述了生态系统在土壤肥力与基因库维持中的作用。自然服务功能和生态系统服务功能等专业词汇也伴随着国内外学者的相关研究逐步产生。1991 年，国际科学联合会环境委员会组织会议召开，关于生态系统服务功能的研究也进一步发展（Schulze E. D. et al.，1993）。美国生态学会组织了格雷琴负责的研究小组对生态系统服务功能进行了系统的研究（Tilman D.，1997）。

总而言之，生态系统服务功能一方面为人类的生存和发展提供了各个方面所需的原材料，另一方面还维持着地球的生命系统，是人类赖以生存的必要条件，具体定义为生态系统与生态过程所形成以及所维持的人类赖以为生的自然环境条件与效用（Tilman D.，1997）。

二、生态功能区规划的作用

在土壤保持，涵养水源，调蓄洪水等方面，生态功能区的设立有着举足轻重的作用，通过对重点生态功能区环境保护强化管理，能够建立起区域生态保护的安全屏障，这些举措不仅使人与自然和谐相处、加强国家生态文明建设的发展，而且对于国土开发空间的改进、区域的协调发展和和谐社会的建设有着极大的作用（程洁，2019）。

当前，国内承认的生态功能规划的作用主要包括三个方面：在生态功能区划的基础上制订区域发展战略和产业布局计划，使区域开发与生态环境保护协调发展；确定对国家生态安全有重大意义的区域，构建生态功能保护区；在生态服务功能的基础上制定国家生态补偿制度等（欧阳志云，2007）。

三、生态功能区规划国内外研究进展

（一）国外研究进展

生态系统相关概念的提出和完善经历了漫长的发展过程，其主要发展历程可概括为自然区划、生态区划，再到生态功能区划（程洁，2019）。

最初的区划理论是从单一因素的角度来进行研究，探究得不够深入，而随着技术的进步和交流的便捷，关于生态系统因素的探究达到更深层次的水平，推动了自然区划的理论发展和完善。

自19世纪以来，关于生态区划的研究工作主要考虑单一的自然因素，而由于科技的进步及工业革命的进行，人类行为所产生的一系列影响也不得不被纳入到生态系统中来。自此，生态学家们为了合理利用与开发资源，持续地进行生态系统方面的研究工作，将更多新的方法融入生态区划理论中。具有实际意义的生态区划方案在1976年被美国生态学家贝利（Robert Bailey，1976）提出，贝利在空间关系的基础上将生态区划进行了自然单元组合，并且制定了生态区域地图（程洁，2019）。

至此，国内外学者在生态区划概念的指导下开展了一系列关于生态系统区划的探索研究工作，并且据此提出了生态功能区划的原则、依据、方法等。

（二）国内研究进展

生态功能区的划分是由原国家环保总局（现生态环境部）会同中国科学院发起的另一种区域划分途径，在全国范围内产生了强烈反应，并且随着各学者研究的深入，与其相关的内容不断得到完善和拓展。

中国近代自然环境科学的发展历史显示，在很早的时候，在"生态环境"视角的基础之上开展区域划分的惯例就出现了，竺可桢先生在1931年就发现并说明了"中国气候区域论"，而后，关于"中国之植物区域"的分类在1940年被黄秉维先生提出，并在1956年率领中国科学院制定"中国综合自然区划"。此后，这些身为近代中国自然区划先行者的科学家还曾提出过更高层次的"农业区划""生态区划"等概念，这些探索与研究不仅为制定区域差异化政策提供了重要凭据，也更加促进了有关自然生态区划的发展和进步（汪劲柏等，2008）。

然而在21世纪之后，从"生态功能"的角度开展国土"分区"才开始产生，通过在中国知网中进行检索发现，发表文献的数量每年都在增加，与"生态功能区"主题精确相关的文献有509篇，而在这之中有508篇都是2000年以后才发表的（杨伟民，2008）。

2000年，国务院颁布的《全国生态环境保护纲要》呼吁并要求各个地方"抓紧编制生态功能区划"。自2001年以来，原国家环保总局会同有关部门对全国生态环境开展了现状调查的工作。与此同时，中国科学院生态环境研究中心对省级生态功能区划进行了一系列的研究，而后，在此基础之上制定了《生态功能区划暂行规程》，其清楚地规定了生态功能区划的观点、方法、措施等（汪劲柏等，2008）。

2002～2004年，在中国科学院的技术援助下，全国各地都实现了其辖区的生态功能区划编制工作，紧接着通过一系列的研究工作制定了《全国生态功能区划》（汪劲柏等，2008）。

我国在2007年郑重出台了《国家重点生态功能保护区规划纲要》，这份文件清楚地规定了生态功能保护区的概念具体是指主体功能区划中的限制开发区（在重要生态功能区的范围内需要着重保护和控制开发并具有一定面积的地区），国家重点生态功能保护区是这之中的重要地区，禁止开发区不在其范围内。

环境保护部和中国科学院在 2008 年 7 月 31 日合作举行了《全国生态功能区划》新闻发布会，"生态功能保护区"的概念由此在全国范围内得到了普及（汪劲柏等，2008）。

第三节　在生态系统服务和生态敏感性的西藏自治区生态红线划定的基础上进行的案例研究

一、案例区概况

西藏自治区地处我国西南边陲，位于青藏高原的主体部分，全区海拔 4000 米以上地区约占全区土地总面积的 92%，生态类型多样，森林、湿地、草原、荒漠等生态系统均有分布。西藏一直以来重视生态保护，《西藏自治区环境保护条例》《西藏自治区湿地保护条例》《西藏自治区生态环境保护监督管理办法》《西藏自治区矿产资源勘查开发监督管理办法》等政府规章和《西藏生态安全屏障保护与建设规划（2008 - 2030 年)》《西藏生态安全屏障保护与建设规划（2008 - 2030)》《西藏自治区生态功能区划》《西藏自治区主体功能区规划》等相关规划先后出台并实施，关于自治区生态环境保护的各个领域都涉及到了（后东升，2015）。近年来，环保、自然资源、农业、旅游等各管理部门也先后在西藏建立了 9 个国家森林公园、8 个国家湿地公园、4 个地质公园、4 个国家级风景名胜区、47 个自然保护区，自然保护区面积达到了 41.37 万平方千米，占全区面积的 33.9%，建立生态功能保护区 22 个（西藏自治区环境保护厅，2017）。实行并落实了重要江河源头生态功能保护工程，建设了拉萨河和雅鲁藏布江源头生态功能保护项目。近年来，雅鲁藏布江、金沙江等主要江河水质均达到或优于地表水Ⅲ类标准，纳木错、羊卓雍错等重点湖泊水质总体达到地表水Ⅰ类标准（丹曲，2020）。全区森林覆盖率达到 12.11%，地面植被覆盖度达到 66.5%（西藏自治区环境保护厅，2017）。但西藏高原地区地质条件整体较差，生态环境较为脆弱。近年来，西藏面临的主要生态环境压力有草原退化、土壤沙化、土壤侵蚀和土地退化以及冰川减少、湖泊和湿地变化显著等。

二、数据来源

本研究采用 2016 年西藏自治区土地利用现状调查数据（西藏自治区国土资源厅，2016）和 2016 年二调变更数据影像（西藏自治区国土资源厅，2016）为基础。气象数据的出处为中国气象科学数据共享服务网（中国气象科学数据共享服务网，2022）。土壤数据的出处为 FAO 世界土壤数据库（HWSD）的中国土壤数据集（v1.1）（寒区旱区科学数据中心，2022），植被数据取自中国科学院中国植被图编辑委员会。DEM 数据和地貌数据（分辨率为 30 米）来源于地理空间数据云网站（地理空间数据云网站，2022）。地质灾害数据来源于西藏自治区"十二五"时期地质灾害防治规划标准的灾害点（西藏自治区发展和改革委员会，2018）。各类保护公园、国家级风景名胜区、自然保护区采用叠加法，将矢量数据校准。禁止建设区适量数据来源于西藏自治区土地利用总体规划成果数据。人口、社会经济统计数据来源于 2016 年西藏自治区统计年鉴数据（西藏自治区统计局，2015）。

三、构建基于生态系统服务和生态敏感性的生态红线划定框架

生态保护红线的具体内涵是指一定的生态空间范围不仅要受到强制性措施的保护，而且需要具备独特且重要的生态功能的区域，主要包括生态功能重要区域和生态环境敏感脆弱区域，前者指具有保持水土、防风固沙、海岸生态稳定等功能的区域，后者指发生土地沙化、石漠化、盐渍化等现象的区域（MEP，2014）。本书在国家环境保护部 2017 年制定的《生态保护红线划定指南》的基础上，评估西藏自治区生态功能重要性和生态环境敏感性，明确水源涵养、水土保持、防风固沙等生态功能极其重要和重要区域以及水土流失、土地沙化、地质灾害极敏感和敏感区域，而后划入生态保护红线（MEP，2014）。采用西藏自治区 2016 年二调变更数据，将其作为底图，基本评估单元采用 1 千米×1 千米网格。根据《生态保护红线划定指南》对全国重点生态功能区和生态敏感区的区分，以西藏生态环境的主要特征和生态问题为重要依据，确定生态功能区位的类别涵盖水源涵养、水土保持、防风固沙和生物多样性维护，生态环境敏感性类型土地沙化、水土流失

和地质灾害，并结合数据条件，选取适宜的评估方法（具体评估方法见图 5-1）（姜德文，2016）。

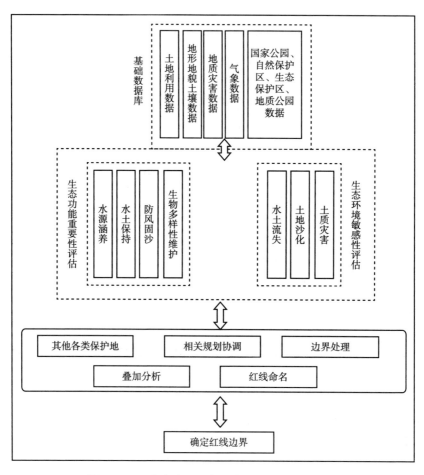

图 5-1 西藏自治区生态保护红线划定技术框架

在得出评估结果后，把得出的生态环境极敏感区和生态功能极重要区叠加、归并到一起，然后可以得到生态保护红线空间叠加图，叠加自治区内的国家公园、自然保护区、森林公园的生态保育区和核心景观区，风景名胜区的核心景区，地质公园的地质遗迹保护区，世界自然遗产的核心区和缓冲区，湿地公园的湿地保育区和恢复重建区，饮用水水源地的一级保护区，水产种质资源保护区的核心区，确保划定范围涵盖国家级和省级禁止开发区域（MEP，2014；林勇等，2016）。

（一）评价方法

依据《全国国土规划纲要》（2016－2030 年）以及《西藏自治区生态功能区划》《西藏自治区主体功能区规划》等相关规划的规定，明确西藏自治区主导的生态系统服务功能包括水源涵养、水土保持、防风固沙和生物多样性维护（蔡德峰等，2021）。根据《生态保护红线划定指南》，采用 NPP 定量指标评估方法对生态功能重要性进行评价（MEP，2014）。以西藏区域生态环境的实际为依据，生态环境敏感性评价主要进行水土流失、土地沙化和地质灾害敏感性三方面的评价。三类评价选择的模型都不同，第一类水土流失敏感性评价选择坡长坡度、土壤可蚀性、地表植被覆盖等指标构成的评估模型（Wang C. et al.，2017），土地沙化敏感性评估选择干燥指数、起沙风天数、土壤质地等评价指标构成的评估模型（Xua Xibao，Tan Yan and Yang Guishan，2018），地质灾害敏感性评价采用地震烈度指数、坡度指数、岩性和植被覆盖度的敏感性等级等指标构成的模型评价（杨月圆等，2008；MEP，2003）（见表 5－1）。

（二）评价分级

按照《生态保护红线划定指南》，明确生态服务功能重要性评价分级和生态敏感性的分级准则，生态服务功能重要性评价分级主要是经过模型计算，可以产生类型不同的生态系统服务值（水源涵养、水土保持、防风固沙、生物多样性维护）的栅格图（熊善高等，2018）（见表 5－2）。在 ArcGis10.0 中通过使用栅格计算器工具，利用公式"Int（［某一功能的栅格数据］/［某一功能栅格数据的最大值］×100）"，然后可以得出归一化后的栅格图，紧接着导出栅格数据属性表，此属性表记载了每一个栅格像元的生态系统服务值，将这些服务值按照降序排列，然后计算累加服务值，选择出累加服务值占生态系统服务总值比例的50%与80%所对应的栅格值作为生态系统服务功能评估分级的分界点，最后结合重分类工具，将生态系统服务功能重要性分为极重要、重要和一般重要三个级别（赵晓囡等，2019）。而生态环境敏感性评估的成果也可以分为一般敏感、敏感和极敏感三个级别，主要是则利用 Arc-GIS10.1 的重分类模块，详细的评估分级赋值以及标准见表 5－3（MEP，2014）。

表5-1 西藏自治区生态功能重要性和敏感性评价方法

评价内容		计算公式	研究方法
			指标参数
生态功能重要性	水源涵养功能	$WR = NPP_{mean} \times F_{sic} \times F_{pre} \times (1 - F_{slo})$	WR 为生态系统水源涵养服务能力指数平均值，F_{sic} 为土壤渗流因子，F_{pre} 为多年平均降水量因子，F_{slo} 为坡度因子，NPP_{mean} 为多年植被净初级生产力平均值
	水土保持功能	$S_{pro} = NPP_{mean} \times (1 - K) \times (1 - F_{slo})$	S_{pro} 为水土保持服务能力指数，NPP_{mean} 为多年植被净初级生产力平均值，F_{slo} 为坡度因子，K 为土壤可蚀因子
	防风固沙功能	$S_{ws} = NPP_{mean} \times K \times F_q \times D$ $F_q = \dfrac{1}{100}\sum_{i=1}^{12} u^3\left\{\dfrac{ETP_i - P_i}{ETP_i}\right\} \times d$ $ETP_i = 0.19(20 + T_i)^2 \times (1 - r_i)$ $u_2 = u_1(z_2/z_1)^{1/7}$ $D = 1/\cos(\theta)$	S_{ws} 为防风固沙服务能力指数，NPP_{mean} 为多年植被净初级生产力指数，F_q 为多年平均气候侵蚀力，K 为土壤可蚀因子，u 为 2m 高处的月平均风速，u_1、u_2 分别表示在 Z_1、Z_2 高度处的风速，ETP_i 为月潜在蒸发量（mm），d 为当月月天数，T_i 为月平均气温，p_i 为月降水量（mm），r_i 为月平均相对湿度（%），D 为地表粗糙度因子，θ 为坡度
	生物多样性维护	$S_{bio} = NPP_{mean} \times F_{pre} \times F_{tem} \times (1 - F_{alt})$	S_{bio} 为生物多样性维护服务能力指数平均值，NPP_{mean} 为多年植被净初级生产力指数，F_{pre} 为多年平均降水量，F_{tem} 为多年平均气温，F_{alt} 为海拔因子
生态系统敏感性	水土流失敏感性	$SS_i = \sqrt[4]{R_i \times K_i \times LS_i \times C_i}$	SS_i 为空间单元水土流失敏感性指数，R_i 为降水侵蚀力，K_i 土壤可蚀性，LS_i 为坡长坡度，C_i 为地表植被覆盖
	土地沙化敏感性	$D_i = \sqrt[4]{I_i \times W_i \times K_i \times C_i}$	D_i 为土地沙化敏感性指数，I_i、W_i、K_i、C_i 分别为干燥度指数、起沙风天数、土壤质地和植被覆盖度的敏感性等级值
	地质灾害敏感性	$GH_i = \sqrt[4]{SI_i \times S_i \times K_i \times C_i}$	GH_i 为地质灾害敏感性指数，SI_i、S_i、K_i、C_i 分别为地震烈度指数、坡度指数、岩性和植被覆盖度的敏感性等级值

表 5 – 2　　　　　　　　　　生态系统服务功能评估分级

	极重要	重要	一般重要
累加服务值占服务总值比例（％）	50	30	20

表 5 – 3　　　　　　　　　　生态环境敏感性评估分级

	一般敏感	敏感	极敏感
分级赋值	1	3	5
分级标准	1.0 ~ 2.0	2.1 ~ 4.0	>4.0

（三）边界处理

具体内容为通过利用 ArcGis10.2，将叠加图层图斑进行聚合处理，然后剔除掉独立细小图斑和建设用地、基本农田的部分，然后再根据自然边界、自然保护区，风景名胜区等各类保护地边界等勾绘调整生态保护红线边界（邹长新等，2017）。

结合地理信息系统软件把之前得到的评估数据转换为 Shape 格式，然后利用聚合工具将相对聚集或邻近的图斑聚合为比较完整的连片图斑，其中，最小孔洞大小为 1 平方千米聚合距离为 250 米，在破碎斑块剔除方面，通常会把面积小于 1 平方千米的独立图斑剔除（如果细小斑块是重要物种栖息地或者其他重要生态保护地，必须将其保留下来），目的是降低红线的破碎化程度。除此之外，独立图斑剔除的面积阈值可以按照评估结果和行政区面积大小合理地作出一定程度的调整（邹长新等，2017）。在建设用地和基本农田剔除方面，一般会按照土地利用现状与规划等资料，加上在现场的一个调查情况，再剔除聚合后不适合划入生态保护红线的建设用地或基本农田。在补充勾绘方面，对于通过上文叙述的处理后还是比较破碎的红线，可以按照高分辨率影像和土地调查数据，利用人机交互的方法，添加描绘出红线（程勉志，2022）。

（四）命名

一般使用分层命名的方法，采用"自然地理单元 + 生态保护红线区"的命名方式，而当生态保护红线同时具备两种以上生态功能时，则使用"主导生态功能＋辅助生态功能"的命名方法。

四、生态服务功能重要性评价

（一）水源涵养功能

水源涵养功能极重要区域主要分布在西藏东南部的错那县、墨脱县南部、隆于县东部、亚东县南部、定结县与定日县交界处南部、索隆县南部以及藏东昌都区域芒康县和贡觉县，总面积 53803 平方千米，约占总评估面积的4.38%。除阿里地区、那曲地区的中北部以及林芝地区的中部小范围地区外，西藏自治区中部、南部、东南部均属于水源涵养重要区域，总面积 352059 平方千米，约占总评估面积的 28.66%。得益于雅鲁藏布江大峡谷地区海拔较低，且由于其特殊的南北向地形，来自低纬度的印度洋温暖湿润气流能够北上达到此区域，因此该地区热量显著高于研究区域内其他地区，降水量丰富，植被覆盖度较高，植被净初级生产力强，水分涵养功能强；东部金沙江流域及中部纳木错和色林错两个地区作为重要的河流发源地和区域内重要的大型湖泊，具有极强的水源涵养功能；东部昌都降水量较高，容易汇聚水源，喜马拉雅山脉海拔高，常年冰雪覆盖，是印度河与布拉马普特拉河等 19 条河流的发源地，具有重要的涵养功能。

（二）水土保持功能

水土保持功能的极重要区域主要分布在错那县东南部和墨脱县、察隅县南部，另外在喜马拉雅山脉南部有少量分布，总面积共 27884 平方千米，约占总评估面积的 2.27%。重要区域分布在林芝地区、山南地区、拉萨市以及昌都地区的东部，总面积共 131561 平方千米，约占总评估面积的 10.71%。墨脱县、察隅县东南部水热充沛，地形平坦，植被覆盖度高，土质以粉质壤土为主，可蚀性较低，该区域水土保持功能强。林芝地区、山南地区的水热条件相对优异，植被覆盖度高，能够有效抵御由于水蚀所造成的土壤侵蚀，不易被水力分离和搬运，具有极重要的水土保持功能。

（三）防风固沙功能区

防风固沙功能极重要区域主要分布在羌塘高原上改则县的东南部，总面积 23094 平方千米，约占总评估面积的 1.88%。重要区域主要分布在改则县中部、南部与尼玛县的西部以及措勒县和仲巴县的北部，总面积 84512 平方千米，约占总评估面积的 6.88%。总体来看，西藏的防风固沙功能主要集中在藏北高原上，此区域地形平坦，年均风速为研究区内最大水平，达到了 3.6 米/秒，风力侵蚀作用强烈，区域植被覆盖以草地为主，且覆盖度也较低，因此，防风固沙对整个青藏高原及内陆能起到巨大的防护和缓冲作用。

（四）生物多样性维护功能

生物多样性维护功能极重要区域和重要区域都分布在西藏东南部的山南地区东部、林芝地区大部以及昌都地区东南小部分地区。其中，极重要区域主要在错那县、墨脱县以及察隅县，总面积 51224 平方千米，约占总面积的 4.17%，其余部分为重要区域，总面积 56944 平方千米，约占总面积的 4.63%。此区域地处雅鲁藏布江大峡谷，地势起伏度大，相对海拔差异大，垂直地带性分异明显，适合多种动植物生长，且此地地形特殊、雨热充沛、植被覆盖度高，适合动植物繁衍（评估结果见表 5-4）。

表 5-4　　　　　　　　生态系统服务功能评估统计结果

服务功能	重要性分级	面积（平方千米）	占总面积比例（%）	累计比例（%）
水源涵养	极重要	53803	4.38	4.38
	重要	352059	28.66	33.04
	一般重要	822538	66.96	100
水土保持	极重要	27884	2.27	2.27
	重要	131561	10.71	12.98
	一般重要	1068955	87.02	100
防风固沙	极重要	23094	1.88	1.88
	重要	84512	6.88	8.76
	一般重要	1120794	91.24	100
生多样性维护	极重要	51224	4.17	4.17
	重要	56944	4.63	8.8
	一般重要	1120232	91.2	100

五、生态敏感性评价

（一）水土流失敏感性

研究区水土流失极敏感区域主要分布在藏东南雅鲁藏布江大峡谷，总面积222023平方千米，约占总评估面积的18.10%。雅鲁藏布江大峡谷水热充沛，发育有众多河流，同时，地形起伏较大，河水湍急，具有强烈的流水侵蚀作用，土壤可蚀性强，虽相对研究区内其他地区有较高的植被覆盖，但受限于研究区总体环境，仍属于较低水平，对水土流失极为敏感。敏感区域主要分布在南部喜马拉雅山脉周围，向东延伸至山南地区西部、拉萨市中部及东部以及那曲地区的双湖县及尼玛县周围，另有少量敏感地区呈带状分布于阿里地区的西缘，总面积371449平方千米，约占总评估面积的30.2%。喜马拉雅山脉地形起伏度大，坡度大，冰川融化后的径流对地表侵蚀力强，属于水土流失敏感地区。藏北高原双湖县及尼玛县以及阿里地区西部植被覆盖度低，对水土流失较为敏感。

（二）土地沙化敏感性

整个西藏地区不存在土地沙化极敏感区域，敏感区域主要分布在藏北高原的双湖县和尼玛县、西藏西部的日土县北部、札达县和噶尔县西部、普兰县南部以及喜马拉雅山脉南部，总面积302359平方千米，约占总面积的24.9%。这些区域的气温与降水量的比值较低，属于干燥度较高的区域，藏北高原风速较高，气候侵蚀力强烈，加上西藏西部及北部的植被覆盖度偏低，这些区域需要着重防范土地沙漠化。

（三）地质灾害敏感性

地质灾害极敏感区域主要分布在西藏东南部察隅县、波密县、工布江达县这些峡谷地带，总面积21874平方千米，约占总评估面积的1.78%。敏感区域分布广泛，包含昌都地区、林芝地区、那曲地区东部、拉萨市东部以及藏南喜马拉雅山脉南坡、亚东县都属于地质灾害敏感区，总面积386610平方千米，约占总评估面积的31.47%。西藏东南部以及南部地区地形起伏度大，坡度大，地质不稳定，且夏季降水量较大，加上夏季高峰冰川融化变快，较大的径流量容易诱发滑坡及泥石流（见表5-5）。

表 5 - 5　　　　　　　　　　　　生态敏感性评价结果统计

敏感类型	敏感性分级	面积（平方千米）	占总面积比例（%）	累计比例（%）
水土流失	极敏感	327983	26.71	26.71
	敏感	410286	33.42	60.13
	一般敏感	490131	39.87	100
土地沙化	极敏感	0	0	0
	敏感	302359	24.61	24.61
	一般敏感	926041	75.39	100
地质灾害	极敏感	31404	1.78	1.78
	敏感	715089	31.47	33.25
	一般敏感	471907	66.75	100

六、生态红线划定结果分析

（一）总体划定情况

研究区域的 ERL 分为 14 种类型（见表 5 - 6）。ERL 的总面积为 657451 平方千米，占评估总面积的 53.55%。属于 Ⅰ 级和 Ⅱ 级的区域区面积分别是 443487 平方千米和 214358 平方千米，分别占总 ERL 面积的 67% 和 33%。其中，占主导的类型是水源涵养功能保护区和沙漠化防范区。具有水源涵养功能的 ERL 面积共有 283782 平方千米，占总 ERL 的 43.16%，主要分布在西藏东南部的山南地区和林芝地区以及西藏中部的色林错和纳木错周围。土地沙漠化防范区共有 352834 平方千米，占总 ERL 的 53.66%，主要分布在西藏西部的札达县和普兰县以及藏北羌塘高原。其次是生物多样性维护功能区，总面积 156251 平方千米，占总 ERL 的 23.76%，主要分布在西藏南部的喜马拉雅山脉周围以及亚东县境内。

（二）空间分布

从空间分布来看，主要重点生态功能区红线总面积为 288188 平方千米，占总评估面积的 23.46%。其中，水源涵养功能主要分布在西藏东部昌都地区、西藏东南部的山南地区和林芝地区以及西藏中部的色林错及纳木错周围。

水土保持功能主要分布在西藏东南部的错那县和墨脱县以及西藏东部昌都地区的芒康县。防风固沙功能主要集中于藏北羌塘高原的改则县和尼玛县。生物多样性维护功能分布于西藏东南部的错那县、墨脱县和察隅县，西藏南部的喜马拉雅山脉周围以及亚东县南部。生态敏感区生态保护红线总面积为369263平方千米，占总评估面积的30.06%。其中，水土流失敏感性地区主要分布在藏北羌塘高原、西藏西部札达县和普兰县，沙漠化敏感性地区主要分布在藏北羌塘高原，地质灾害敏感性地区主要分布在西藏东南部的墨脱县、察隅县、波密县和林芝县以及西藏东部的昌都地区东部。

表5-6　　　　　　　　　　西藏自治区生态红线划定

区域类型	Ⅰ级（平方千米）	Ⅱ级（平方千米）	分类面积（平方千米）	比例（%）
藏东昌都地区水源涵养与水土保持区	2844	51420	54264	4.41
藏东南山南林芝地区水源涵养与生物多样性维护区	67322	46994	114316	9.31
藏中嘉黎县水土保持与地质灾害防范区	664	112829	13099	1.11
藏东北聂荣县安多县水源涵养保护区	9137	0	9137	0.74
藏中色林错与纳木错水源涵养功能区	29172	29906	59078	4.81
拉萨河流域水源涵养与地质灾害防范区	1387	0	1387	0.11
藏南浪卡子县水源涵养与地质灾害防范区	2425	5646	8071	0.66
藏南日喀则拉孜水土保持与水土流失防范区	2348	0	2348	0.19
藏南喜马拉雅山脉生物多样性与水源涵养保护区	33446	3101	36547	2.98
藏北羌塘高原防风固沙与沙漠化防范区	285781	29307	315088	25.65
藏中尼玛县南部水源涵养与水土流失防范区	982	0	982	0.07
藏南亚东县生物多样性与水土保持区	2563	2825	5388	0.43
藏西普兰县沙漠化与水土流失防范区	3024	10140	13164	1.07
藏西札达县沙漠化防范区	2392	22190	24582	2.01

七、生态红线划定的合理性讨论

（一）结合西藏自然地理特点选择生态功能和敏感性分类

依据《生态保护红线划定技术指南》，考虑到西藏的生态环境条件，明确其主要的生态功能为水源涵养、水土保持、防风固沙和生物多样性维护（熊善高等，2014），生态敏感性评价主要围绕水土流失、土地沙化和地质灾害三个方面进行，西藏地质灾害频发更加剧了区域的生态环境破坏，增选地质灾害敏感性更切合藏区特殊的生态环境问题和地理差异。

（二）解决不同区域不一致或冲突的空间边界是生态红线实施保护的保障

结合生态功能极重要区和生态环境极敏感区，得到生态保护红线空间叠加图，然后套合国家公园、自然保护区、森林公园的生态保育区和核心景观区，风景名胜区的核心景区，地质公园的地质遗迹保护区，世界自然遗产的核心区和缓冲区，湿地公园的湿地保育区和恢复重建区，饮用水水源地的一级保护区，水产种质资源保护区范围（刘皓，2020），同时，对比城市规划和土地利用总体规划的禁止建设区和城市开发边界，确保红线成果有一定的实用性，并解决不同区域的不一致或冲突问题。

（三）评价结果符合"最小的生态保护和安全底线面积"原则

红线范围内林地，草地和湿地的面积占比分别为 71.11%、57.66%、74.95%，远高于非红线区林地、草地和湿地的面积比例 28.89%、42.34%、25.05%。同时，红线内植被净初级生产力（NPP）指数均值为 237.8g C/（$m^2 \cdot a$），高于非红线区的 NPP 平均值 154.1g C/（$m^2 \cdot a$），反映出本次红线划定结果符合"最小的生态保护和安全底线面积"原则，可以作为最重要的生态空间管控的基础

八、划定方法与结果的不足

（一）数据精度影响了划定结果的精确性

本次研究以 NPP 定量指标评估法为基础，主要使用 NPP 指数、高程、土壤质地、植被覆盖度和气象数据，由于西藏特殊的地理、社会经济情况，相比内地省份基础数据相对匮乏。本次能够收集使用的各类数据在时间尺度方面存在差异，NPP 数据为 2001～2010 年的多年平均值，土壤质地的数据来自第二次全国土地调查成果数据，植被覆盖度为 2010～2016 年多期影响得到平均值，气象数据为 1981～2010 年的多年平均值。尤其气象数据因西藏的气象

站点数量相较国内中部、东部各省偏少，且气象站点分布较稀疏且不均匀，区内站点多分布于东部和南部，西部和北部气象站点少，因此，使用 ARC-GIS 插值功能得到的气象数据比较粗糙，也不能反映出地形地貌对气象的影响。另外，西藏存在大面积的永久冰川和积雪，这些区域缺失土壤质地和 NPP 数据。数据的缺乏对于评价和划定结果精度有一定影响。

（二）特殊的自然地理条件导致部分评价方法运用的局限性

生态服务功能评价中，基于 NPP 定量指标法，计算水源涵养功能、水土保持功能和生物多样性维护功能（吴树荣等，2022），NPP 数据的分布情况决定了这三个生态功能的基本趋势。由于西藏特殊的地理位置、地形地貌以及气候条件，研究区海拔较低的东南部山南地区和林芝地区具有较好的水热条件，植被覆盖度和植被净初级生产力都比其他区域更高。因此，这三个功能的高价值区域都出现在西藏东南部和东部区域，西藏中部的色林错以及纳木错等大型湖泊以及西藏北部的唐古拉山南坡等水源涵养重要保护区由于不具备高 NPP 指标，在评价结果中没有展现出高值区域。另外，藏北羌塘高原是重要的高原特有珍稀动植物的栖息地，由于较低的 NPP 指标导致计算结果不包含在生物多样性维护功能重要区域内。

敏感性评价中防风固沙功能的计算采用修正风蚀方程的计算方法，其核心是基于潜在风蚀量减去由于植被覆盖的缓冲造成的实际风蚀量得到防风固沙量。风蚀量根据气象数据起沙风天数决定，但没有细化考虑山脉、地形等因素对风速和风向的影响，使评价结果的精准度受到影响。

（三）优化方向

1. 进一步细化管控措施是落实生态红线的重要保障。生态红线划定结果是否能有效使用并保护生态环境，关键是建立合理且细化的管控措施，并建立统一的生态红线管控措施，包括划分全藏生态红线区域为一类管控区红线和二类管控区红线，实施严格的两级管控（于嵘，2017）。

2. EPR 区域以外的区域仍然需要监视和管理。西藏高原生态环境整体脆弱，因此对 EPR 区域以外的区域开展长期的监视和管理，不断改善 EFI 和 ESV，降低生态敏感性水平对红线外的区域仍然是必需的。例如，河流系统作为重要的生态走廊，可以在各流域关键水域建立 10 米缓冲区，保护生态环境周围的树木，增加周围栖息地的连通性，并最大限度地减少形成隔离区的潜在危险等。

3. 进一步深化协调不同部门、区域及国际的管护合作。西藏生态红线区域中众多属于各级自然保护区、地质公园、风景名胜区、森林公园、国家级水产种质资源保护区和湿地公园，这些保护区又分别归属林业、环保、自然资源旅游等行业主管部门管理，因此，协调各部门协作至关重要。此外，藏西北、藏北、藏东南部分红线区域连接印度、尼泊尔或和我国青海、新疆、四川等省份接壤，亟须进一步协调国际及区域间的管护合作。

本次研究基于《生态保护红线划定指南》，结合西藏自治区区域地理空间差异和生态问题建立了自治区生态保护红线划定技术框架，在生态功能重要性评估和生态环境敏感性评估的基础之上明确水源涵养、生物多样性维护、水土保持、防风固沙等生态功能及其重要区域和敏感区域并叠加已有保护区、城市规划和土地利用总体规划的禁止建设区和城市开发边界，划定生态保护红线（成西娟，2019）。全区 ERL 的总面积为 657451 平方千米，占评估总面积的 53.55%。Ⅰ级和Ⅱ级面积分别是 443487 平方千米和 214358 平方千米，分别占 ERL 总面积的 67% 和 33%。本次红线划定方法确保生态保护红线成果有一定的实用性并解决不同区域不一致或冲突的问题。基于西藏生态环境特点构建的评价标准体系和连贯的 ERL 标准，可以为类似区域生态红线划定提供参考。

第六章

国土空间安全格局研究

第一节　国土生态安全格局研究

一、概念

快速城市化在给世界各地带来各种经济红利的同时，也带来了一系列的生态环境与社会发展问题，这些问题逐渐影响人类社会的可持续发展。在各类问题逐渐显现的过程中，国内外的学者们也越来越重视并不断深入开展针对生态安全和社会、经济、人口、发展交互关系的研究。国际应用系统分析研究所在 1989 年提出生态安全的概念，明确提出生态安全是自然、经济、社会三个系统组成的复合系统。到今天，学者们大多认为生态安全是生态系统服务功能的综合反映，生态安全程度表征一定地区适应环境变化的韧性状态和维持生态平衡而不受破坏影响的能力。当前国内外相关研究的焦点主要聚焦在三个方面：如何提升生态系统服务价值、完善生态系统服务功能、有效保障区域生态安全质量和生态安全格局研究（彭建等，2017）。

近年来，生态安全格局研究主要通过分析关键性空间格局，尝试调整生态基础设施的分配，而构建生态安全格局的主要目的是促进社会经济发展和环境保护的高效协同（俞孔坚等，2009）。生态安全格局主要依据格局与过程的相互反馈，从而构建一定区域的生态安全格局，最终达到对生态过程的有效调控，保障生态功能的稳定和持续，实现区域自然资源和社会、经济、人口、产业的有效、合理配置，从而实现区域的生态安全（陈星等，2005）。

生态安全格局目前业已成为平衡社会经济发展和生态环境保护与之间矛盾的重要空间途径（李月辉等，2007）。

二、研究进展

随着科学技术和社会经济的高速发展，人口增长和人类对自然资源的掠夺性开发，区域乃至全球生态环境所承受的压力不断增大（欧定华等，2015）。全球气候变暖、区域生态环境恶化和生物多样性锐减已成为人类社会面临的重大问题。保护环境、节约资源、实现人与自然的协调发展和人类社会的可持续发展已成为我们面临的最为紧迫的问题（M. H. Saier Jr et al.，2010；Norman Myers，1986）。因此，生态安全问题备受世界各国关注，生态安全评价也成为生态学的研究热点（N. V. Solovjova，et al.，1999；Paul R. Ehrlich.，2002）。从1941年土地健康概念被提出以来，生态安全问题从关注有毒物质引起的风险、国与国之间的安全问题，发展到研究区域、较小区域或单个地点的风险综合评价（Lawrence W. Barnthouse，1992；Naveh Z.，1994），到如何确保资源、环境和生态系统服务的安全和可持续发展（Jianguo Liu et al.，2015；Dong S. et al.，2016；）。生态安全格局是实现这一目标的有效途径之一，生态安全格局的研究从早期有关概念的探讨、理论研究到应用管理（Piers Blaikie，2008；Jeroen C. J. et al.，1999；Ulrich Brand and Alice B. M. Vadrot，2013），从关注建立保护地体系、以生物多样性保护为主要目标，随着生态环境问题的日益严重，生态系统服务评估的发展，生态安全格局研究转向以自然系统为主同时考虑社会经济对生态安全的重要性和相互协同（D. O'Brien et al.，2006；Hou Peng，et al.，2015），侧重研究人类活动扩张下的区域生态问题、生物多样性和生态系统服务评价与协同，生态保护与修复和生态安全政策研究（Hayriye Esbah et al.，2009；B. Pickard，et al.，2015）。中国作为发展中国家，由于社会经济的快速发展，国家的综合实力和人民的生活质量和水平得到了明显的改善。但过去以牺牲生态环境促进社会经济发展模式给生态环境带来巨大的压力和破坏以及一系列生态环境问题，严重威胁着生态系统安全。尤其是快速城镇化进程带来的高强度的土地开发与土地利用方式的快速转变使原本脆弱的生态环境更趋恶化（Jiang Yan ling et al.，2015；Hou Peng et al.，2015）。生态安全格局的识别与构建已经成为国内研究的热点之一。

三、研究方法与应用

生态安全格局构建研究基于土地利用优化、生态基础设施建设、生态红线划定等视角，经历了从最初的定性规划、定量格局分析，到近年逐步发展起来的空间数据演算、静态格局优化、动态格局模拟以及状态趋势分析等快速发展历程，其研究方法则主要涉及生态适宜性/敏感性分析、景观格局指数、情景分析、综合指标体系等（彭健等，2017）。

国内外学者在不同尺度开展对生态系统和土地利用类型的形状、比例和空间配置的评价，划分空间生态安全等级（Meng Jijun et al.，2011；Yu Kongjian et al.，2009）；根据区域内关键的点、线、面位置关系所构成的潜在格局，探讨其对维护和控制生态过程、保护生态系统结构功能的作用（Yan Nailing et al.，2006）；运用目标优化、空间叠加等方法构建生态安全格局（Chen Xin，et al.，2017）；研究热点区域，如快速城市化区域（Wu Jiansheng et al.，2013；胡雪丽等，2013）、农牧交错带（Wang Ranghu et al.，2014）、干旱/半干旱区等生态安全现状和优化。城市作为人类活动最为密集和改变地表最为强烈的区域单元，生态安全问题尤为突出，其生态安全格局构建也受到高度关注（Su Yongxian et al.，2016）。当前，区域生态安全格局的构建模式仍在不断完善，主要采用的方法包括数量优化方法（最优化技术法、系统动力模型）、空间优化方法（基于生态学理论的景观格局优化模型、元胞自动机）和综合优化法（CLUE-S 模型、遗传算法、多智能体）等（Jian Peng et al.，2018）。这些方法中，景观生态学对于构建区域生态安全格局具有启发意义。福尔曼（Forman，1995）基于生态空间理论提出了集中与分散相结合的规划模型，主要通过景观格局调整和集中使用土地，确保大型自然植被斑块完整，保持生物多样性，并充分发挥其在景观中的生态功能。近年来，越来越多的研究采用"源地—廊道"的组合方式构建生态安全格局（Peng Jian et al.，2017）。最小累积阻力（Mini Mumcumulative Resistance，MCR）依据生态安全格局理论，即在生物扩散穿越异质景观的生态过程中，生物的空间运动、栖息地的维护均需要克服一定的景观阻力来完成，累积阻力最小的通道即为最适宜的通道。MCR 模型的优势在于综合考虑了景观单元间的水平联系，能够较好地反映生态安全格局的内在有机联系（潘竟虎等，2016）。

目前，区域生态安全格局的构建模式仍在不断完善，存在多种指标和方法。

但是，构建区域生态安全格局的范式已经初步形成，常采用的方法步骤包括：

（1）源地的确定。在当地生态过程和功能中起决定性作用的生境斑块或对当地生态安全具有重要或关键辐射功能的生境斑块被确定为确保当地生态安全的关键点，即源地。源地的选择主要涉及生态结构的定性判断和生境重要性、生态敏感性和景观连通性等定量标准。

（2）廊道的识别。生态走廊是生态网络中的区域，在连接物质流、能量流和信息流方面发挥着重要作用，特别是对动物迁移而言。由于所需数据的简单性、操作的高效性和分析结果的可视化，最小累积阻力模型已成为识别生态廊道的主要方法，阻力面设置则成为廊道准确识别的关键。

（3）战略点的设置。阻力面在源地所处位置下陷，在最不容易到达的区域高峰突起，两峰之间会有低阻力的谷线、高阻力的脊线各自相连；多条山谷相交的地区和沿着一条山谷线的生态敏感区和脆弱区是影响和控制当地生态安全的重要战略节点。这些潜在的景观组成部分的组合创造了特定的生态安全模式水平（彭健等，2017）。

第二节　国土生态安全保护格局研究案例分析

一、案例区概况

拉萨市是西藏自治区首府，是西藏政治、经济、文化中心，地处雅鲁藏布江支流拉萨河中游河谷平原地区，平均海拔 3650 米，总面积 29644.8553 平方千米。截至 2015 年，拉萨市辖两个市辖区，分别是城关区和堆龙德庆区；6 个县，分别是林周县、当雄县、尼木县、曲水县、达孜县和墨竹工卡县；全市共有 64 个乡（镇、办事处）、269 个村委会，人口 90.25 万人（西藏自治区 2015 年国民经济和社会发展统计公报，2017）。

二、构建基于 MCR 模型及重力模型的生态安全格局评价方法

（一）数据来源

本部分采用了 2015 年拉萨市土地利用现状调查数据和 2015 年二调变更数据影像为基础。DEM 数据来源于拉萨市国土资源局提供的 1∶100000 地形

图。城市规划数据来源于拉萨市城市规划。人口、社会经济统计数据来源于2015 年拉萨市统计年鉴数据。

（二）评价方法

根据研究区现状选取了 10 个生态安全评价因子，运用 ArcGis 空间分析功能划分不同的生态安全等级，结合空间主成分分析（SPCA）方法确定不同生态因子的权重，叠加构建拉萨市生态安全评价模型。根据生态源地的提取结果，构建基于最小累积阻力模型的景观生态安全格局，利用重力模型提取的生态源之间潜在生态廊道的重要性，生成拉萨市潜在生态廊道和生态节点（王琦等，2016），构建研究区潜在生态网络，最后提出生态安全格局优化方案。

1. 生态安全评价指标的量化分级。结合研究区实际情况和数据资料的可获取性，筛选涵盖自然要素的因子：高程、坡度、土地利用类型、森林覆盖率以及涵盖人类活动影响的因子：将主体功能区、距景点距离、距工矿用地距离、距水体距离、距道路距离、距工业用地距离距居民点距离作为研究区生态安全约束因子，以反映区域生态安全的不同特征属性。在各个因子的分级中，借鉴相关文献的统计和经验标准，并结合研究区实际情况制定各因子生态安全分级标准（见表 6-1），界定各约束因子的安全等级：1~4 级分别代表高度、中等、较低和低度安全水平，值越大，生态环境越脆弱，抵抗外界干扰能力越小，安全水平越低。根据各评价指标特征，采用两种分级方法：参照有关标准并结合聚类分析方法分级，如依据《生态功能区划技术暂行规程》对海拔、坡度进行分级；参照相关文献分级，如距水体距离、距道路距离、距居民点距离（潘竟虎等，2015）。

表 6-1　　　　　城关区生态安全约束因子与等级划分

评价因子	阻力值				权重
	0	0.2	0.5	1	
	1 级	2 级	3 级	4 级	
高程	<4300	4300~4800	4800~5300	>5300	0.150
坡度	<7	7~15	15~25	>25	0.200
土地利用类型	林地、水库水面、河流水面、风景名胜及特殊用地、草地、沼泽地	园地、坑塘水面、沟渠、湖泊水面	旱地、裸地、内陆滩涂、水浇地、设施农用地、水工建筑用地、冰川永久积雪、沙地	公路用地、农村道路、城市、建制镇、村庄、铁路用地、采矿用地	0.050

评价因子	阻力值				权重
	0	0.2	0.5	1	
	1 级	2 级	3 级	4 级	
森林覆盖率	>30	20~30	10~20	<10	0.150
主体功能区	生态功能区	农产品主产区	禁止开发区	重点开发区	0.050
距景点距离	<1000	1000~2000	2000~5000	>5000	0.005
距工矿用地距离	>1500	1000~1500	500~1000	<500	0.045
距水体距离	<100	100~500	500~1000	>1000	0.200
距道路距离	>2000	1000~2000	500~1000	<500	0.100
距居民点距离	>1500	1000~1500	500~1000	<500	0.050

2. 空间主成分分析。本次研究运用 ArcGIS 软件的 SPCA 分析功能，根据各生态约束因子的生态安全综合指数计算研究区的生态安全综合指数，进行区域生态安全评价。生态安全综合指数定义为 m 个主成分的加权和，而权重用每个主成分所对应的方差贡献率来表示（黄木易等，2019）。

$$ESI = \sum_{j=1}^{m} p_{ij} w_j \qquad (6-1)$$

其中，ESI 为第 i 个评价单元（本书为栅格）的生态安全指数；p_{ij} 为第 i 个单元的第 j 个指标；w_j 为各指标的权重。

3. 景观生态安全格局的构建。最小累积阻力模型主要利用生物通过不同景观类型克服阻力形成的耗费成本来反映同行可达性（Yu Kongjian et al.，2009）。

$$MCR = f \times min \sum_{j=n}^{i=m} (D_{ij} \times R_i) \qquad (6-2)$$

其中，f 是反映 MCR 与变量（$D_{ij} \times R_i$）之间正比关系的函数；D_{ij} 是目标单元从源 j 扩散到空间某点穿过景观 i 的距离；R_i 是景观表面 i 对景观流向某个方向扩散的阻力。

（1）生态源地选择。生态用地保护的"源"简称为生态源地，是指现存的物种栖息地，它们是物种扩散和维持的源点，是生态保护的底线，是最适宜生态保护的用地，对区域生态安全的维持具有十分重要的意义（Hou Peng et al.，2015）。生态源区一般指生态系统功能强、生物多样性丰富的区域，是陆地生态系统中物质循环和能量流动的最重要区域。根据研究区的自然资源特征、生境斑块面积和生物多样性丰富程度，确定重要森林、重要湿地和风景区为研究区的"源"，40平方千米以上的生境斑块为研究区的生态系统源。

（2）阻力面的建立。运用SPCA分析后获得的生态安全评价要素作为阻力因素，通过ArcGIS中Arc-Toolbox的Cost Distance工具获取研究区景观累积耗费距离表面。随着"源"的向外扩展，阻力值越来越大，说明越外围，"源"克服的阻力越大（Wang Ranghu et al.，2014；Li Jing et al.，2013）。将景观累积耗费距离表面按自然断裂法进行判别分析和类型划分为五个等级：低阻力、较低阻力、中等阻力、较高阻力、高阻力。

（3）生态廊道的提取。在Arcgis10.2平台下，利用重力模型来量化MCR模型提取的生态源之间潜在生态廊道的重要性，从而识别出重要的潜在生态廊道并形成生态安全网络。

$$G_{ab} = \frac{N_a \times N_b}{D_{ab}^2} = \frac{\left[\frac{1}{P_a} \times \ln S_a\right]\left[\frac{1}{P_a} \times \ln S_b\right]}{\left(\frac{L_{ab}}{L_{max}}\right)} = \frac{L_{max}^2 \times \ln S_a \times \ln S_b}{L_{ab}^2 \times P_a \times P_b}$$

$$(6-3)$$

其中，G_{ab}是生态源斑块a、b二者间的相互作用力；N_a、N_b分别为生态源斑块a、b二者的权重；D_{ab}是生态源斑块a、b二者间潜在生态廊道阻力的标准化值；P_a是生态源斑块a的阻力值；S_a是生态源斑块a的面积；L_{ab}是生态源斑块a、b二者间潜在生态廊道的累积阻力值；L_{max}是全部生态源斑块之间的潜在生态廊道累积阻力值中的最大者。

（4）生态节点的提取。根据生态廊道模拟结果，提取阻力值发生骤变的区域，根据生成的潜在生态廊道和累积阻力面，将研究区的生态节点分为两类：一是自生态源地向高阻力面扩散的最小累积耗费距离的交叉处（A类）；二是生成的潜在生态廊道与潜在生态廊道之间的交点（B类）（付梦娣等，2018）。

三、生态安全保护格局分析

（一）生态阻力面建立和生态安全评级

拉萨市生态阻力值最小为1.0402，最大为9.7712，均值为3.8446，为了使各区县水平上的分级更合理，先以均值 3.8446 为界限对阻力面进行二值化，然后使用 Zonal 工具依据乡镇边界对生态安全阻力栅格面进行统计，依据生态阻力值"低于平均值的栅格面积"和"高于均值的栅格面积"的比值进行分级，对拉萨市各乡镇的比值范围（0.2845 ~ 1.7632）进行生态安全五级分类。

拉萨市各区、县比值范围（0.2845 ~ 1.7632），其中低安全值（0.2845 ~ 0.5784），较低安全值（0.2785 ~ 0.7973）中安全值（0.7974 ~ 0.8925），较高安全值（0.8926 ~ 1.0483），高安全值（1.0484 ~ 1.1722），极高安全值（1.1723 ~ 1.7632）。全市生态安全格局表现出北高南低、中部低、西北和东北部高的特征。当雄县生态安全级别最高，空间分布显示堆龙德庆县生态安全等级低，占总评价面积的 9.01%。城关区生态安全较低，占总评价面积的 1.75%。曲水县、达孜县、林周县生态安全中等，占总评价面积的 25.15%。尼木县和墨竹工卡县生态安全较高，占总评价面积的 29.58%。当雄县生态安全等级高，占总评价面积的 34.51%。

（二）空间变化分析

基于 ArcGIS 10.2，我们将整个拉萨市生成 1000 米 × 1000 米的网格，利用该网格对生态阻力面进行空间统计后，再将栅格中心点阻力值连接到网格。采用计量工具 OpenGeda 分析拉萨市生态安全水平的空间分布及集聚的空间变化。拉萨市生态安全的全局 Moran's I 指数为 0.5180，说明存在空间自相关。Moran's I 一般采用 Z 方法进行显著性检验。Moran's I 指数和 Z-Score 检验的意义在于，当 Moran's I > 0，Z-Score > 1.96（P-Value < 0.05）时，Moran's I 数值能表明其空间正相关程度的显著性大小。从分析结果可知，拉萨市生态安全评价指数的 Z-Score 等于 177.98（P-Value = 0.0000），远大于 1.96，表明拉萨市生态安全等级空间分布呈现很强的空间正相关。

局部自相关 Moran's I 指数值将空间分为"高高（HH）、低低（LL）、高低（HL）和低高（LH）"四部分，其中，HH 聚集区表示中心地区其周边生态安全阻力指数较高，体现在空间关联中为扩散效应；LL 聚集区表示中心地区和相邻地区的生态安全阻力指数都较低，属于低等级区；落入 HH 和 LL 区的生态安全阻力指数在地理空间上存在显著的空间正相关。HL 聚集表示中心地区生态安全阻力指数值高、邻值低，在空间关联中表现出极化效应；LH 聚集表示中心地区生态安全阻力指数低、邻值高，在空间关联中属于过渡区。

其中，不显著的网格单元为生态安全阻力指数空间性不强的区域。根据拉萨市生态安全阻力指数的空间 LISA 聚类图显示，拉萨市生态安全阻力指数主要以高高、低低两种聚集类型为主，在空间上呈明显的片状集聚分布特征，而高低和低高类型在空间上的聚集效果不明显。对于高高分布区域，其生态系统较脆弱，地质灾害和水土流失高度敏感，应当加强生物多样性保护，生物措施与工程相结合进行水土流失控制。而对于低低区域应当在国土空间规划及生态规划指导下进一步严格用途管制，保障土地合理利用，协调城镇用地有序扩张，加强生态保护与生态保育等工作。

（三）潜在生态廊道提取

生态廊道是相邻的生态源地之间低累积阻力谷线通道，主要由植被、水体等生态要素构成，是具有保障物种和能量流通、保护生物多样性、维持生态系统稳定性等生态服务功能的条带状景观要素，生态源地和廊道共同构成了生态服务功能网络的主要组成部分。基于最小累积阻力模型能有效确定生态功能网络中廊道的最佳路径，从而形成潜在生态廊道。目前，生态源地的识别方法主要依据其生物多样性和生态系统服务两个方面，分为直接识别和构建综合评价指标体系识别两种方法，直接识别法比较常用且比较便捷，但具有一定的缺陷。

根据拉萨市生态环境保护现状及生态、旅游文化产业作为支撑产业的背景，选择具有良好生境条件的自然保护区大型斑块作为生态源地，本部分选取了 8 个大型生境斑块作为区域生物多样性的源地，总面积为 1591.60 平方千米。这些斑块是研究区生物物种的主要活动范围和重要栖息场所，更为物种的生存、繁衍提供重要保障，因此，具有极其重要的生态系统功能和生态学价值。

利用 ArcGIS 10.2，选取了纳木错风景名胜区等 8 个大型生境斑块作为区域生物多样性的源地。使用 Cost distance 建立生态源累积耗费阻力面，拉萨市生态累积耗费阻力面中最低阻力值为 0，最高值为 278405。基于生态源累积耗费阻力面，应用 MCR 最小累积阻力模型，采用 Cost path 工具分别生成每个生态源地斑块与其他生态源地斑块之间的最小累积耗费路径，从而构成研究区的各生态源斑块间的潜在生态廊道，最后计算各潜在生态廊道的累积阻力值。本部分共生成 80 条潜在生态廊道，通过重力模型计算，提取识别重要廊道 18 条，总长度 1114.7444 千米。其中，重要性值在 50～100 之间的二级潜在廊道 8 条，总长度 582.4967 千米；重要性值大于 100 的一级潜在廊道 10 条，长度 532.2477 千米；重要性小于 50 的为一般廊道，共 62 条。一级、二级廊道是大的核心区和中心生态源斑块之间的生态走廊，是生态景观网络结构的关键部分。其他普通走廊的主要特点是距离较长，需要通过的阻力区类型较多，导致累积阻力值较高，不利于生态流交换。

　　研究区选择的生态源斑块之间的相互作用强度的重要性值差异显著（见表 6-2）：最大值为 177.3321，说明生态源斑块 7 与斑块 8 之间的相互作用力最强，二者之间的生态廊道景观阻力较小，生境条件质量较高；最小值为 13.1243，表明斑块 1 与斑块 8 之间的相互作用最弱，生态源斑块间的景观阻力很大。

表 6-2　　　　　　　　　　　拉萨市潜在生态廊道重要性识别

重要性		生态源斑						
	1	2	3	4	5	6	7	8
生态源斑 1	—	33.6925	78.9932	174.4035	76.1686	67.3614	16.1346	13.1243
2		—	103.1154	142.7316	29.1627	111.8873	109.8812	131.2101
3			—	135.2257	88.4725	127.3692	150.4451	147.1123
4					90.8755	129.6875	166.3485	136.6656
5				—		158.7659	169.1563	127.9514
6							115.7586	133.6636
7							—	177.3321
8								

　　注：1. 纳木错风景名胜区；2. 林周县热振柏树国家森林公园；3. 林周阿郎司布白唇鹿自然保护区；4. 雅江中游黑颈鹤自然保护区；5. 墨竹朗杰林村沙棘林自然保护区；6. 拉鲁湿地国家级自然保护区；7. 曲水雄色才纳自然保护区；8. 尼木国家森林公园。

（四）生态格局优化

　　生态节点是生态源间物种的跳板或转折点，一般位于生态廊道中的生态功能最薄弱处，主要由最小路径与最大路径交叉点或最小路径的汇集处交点构成。加强生态节点的生态环境建设有利于降低生态廊道的耗费成本和提升区域生态网络的生态服务功能。因此，结合生态源地、廊道与生态节点进行生态规划布局，构建出"点—线—面"相互交融的生态服务功能网络体系，对于加强拉萨市生态系统功能健康与服务的可持续性具有重要意义。本书最终提取潜在生态廊道 80 条，总长度约 3449.7298 千米，其中，一、二级廊道长度占总长度的 32.32%。基于生成的潜在生态廊道和最小累积阻力面，应用 ArcGIS 空间分析功能分别提取了研究区潜在生态廊道之间的生态节点 51 个以及生态廊道与最大阻力路径之间的生态节点 20 个。

结合拉萨市大型生态源斑块、重要潜在生态廊道及生态节点的空间分布实际情况，以主要生境源地斑块的有效连接为原则，提出"一环三带"的生态网络布局模式，实施"环内集聚、轴向带动"生态空间发展策略。"一环"主要是基于一级廊道为主体，以城关区为核心，空间上整合堆龙德庆区城以及达孜县城、林周县城、曲水县城，连接成"生态旅游文化环"。"三带"分别是基于生态源斑块及一级、二级廊道构成的高海拔畜牧产业带、高原农业经济产业带及净土健康产业带。

"一环三带"的生态网络框架主要基于重要潜在生态廊道为路径，以低阻力值廊道上的大型生态源地为核心，以生态节点为支撑，形成具有一定宽度的"斑块—廊道—节点"生态网络结构。其中"一环"以城关区为核心，整合堆龙德庆区以及达孜县城、林周县城、曲水县城，联动发展，建设以民俗文化旅游业、宗教旅游业、文化休闲产业、文化创意产业和民族手工业为发展方向的生态文化产业聚集环。高海拔畜牧产业带连接当雄县城、羊八井镇、德庆乡、古荣乡等城镇，依托林周县、当雄县草原生态、畜牧原种资源优势，加快发展以优质牦牛、半细毛羊养殖为主的草地畜牧业和饲草种植业，大力推动草畜一体化发展体系建设，打造拉萨市现代化牦牛养殖基地、草畜牧业重点发展区以及草畜一体化发展示范区；加强天然草场保护、水源涵养等农牧业生态保护工作，适度发展天然草场旅游业、农牧业自然生态观光旅游业。高原农业经济产业带依托拉萨河流域优质农耕资源，着力发展以优质青稞、油菜、特色经济作物、藏药材种植的高标准、规模化现代农牧业，加快推进农牧民标准化农业技能培训和以藏族农耕文化体验为主的农业休闲观光产业发展，打造青稞高标准农田核心生产基地。净土健康产业带协调墨竹工卡、曲水县城及甲玛乡、章多乡、邦堆乡、聂当乡、才纳乡、吞巴乡沿线发展特色有机经济作物种植、高原藏鸡和藏药材种植，并开展高原绿色食饮生产品加工。

四、基于生态安全格局的空间优化

根据拉萨市生态安全评价和生态格局特点可见全市生态安全北部高、南部低，东西高、中部低。大型生态源地分布不均，生态源地主要分布在北部当雄县和东北部的林周县，其他区县分布面积较小。拉萨河谷区虽然自然条件基础更优，但作为西藏自治区首府的拉萨市是西藏政治、经济、文化中心，是整个西藏人口最密集、经济发达的核心区，尤其是中心城区城关区人口、产业的发展势必导致生态效益的变化。堆龙德庆区近年随着拉萨国家级经济技术开发区的迅速发展，原本脆弱的生态环境受影响显著。未来拉萨市向南发展打造曲水县净土健康产业重要集聚区，向东发展建设达孜新型工业化示范点和墨竹工卡特色旅游服务基地，藏医药及有色金属开发重要基地的产业策略是符合拉萨生态安全评价现状和生态安全格局的。当雄县位于拉萨河中上游地区高海拔山区，水源涵养、生物多样性保护等生态保护意义重大，因而尽管生态安全级别高，仍应严格执行仅在保护区域生态环境的前提下开展有限的畜牧产业发展的产业政策。

针对拉萨市生态安全格局的布局模式，下一步研究需要进一步关注生物物种与所选择生态源斑块之间的适宜性分析。拉萨所属各级保护区是我国主要的高原生物基因库之一，动植物资源丰富。有针对性地选择相应的生物，确定适宜的生态阻力路径，将更能为有效保护生态多样性及构建生境安全格局提供规划布局依据。另外，本次生态阻力面建立对阻力因子选择与赋值主要参考相关研究，人为主观性较大，拉萨市数据资料有限，对生态环境监测指标、土壤及植被指标等阻力因子没有涉及。采用 MCR 模型方法，主要利用自然因子栅格数据进行分析，人文、社会经济、政策等影响因子欠缺且这类指标难以空间量化问题。而拉萨市作为藏文化保护传承中心，拥有丰富的历史、文化圣迹，下一步应当加强整合人文、社会和自然因子与区域生态安全的耦合分析，研究结果将更为科学、准确，从而为拉萨市生态文明建设过程中的生态安全格局构建、产业布局优化提供科学决策依据。本次研究仅以2015 年拉萨市土地利用现状为基础，静态分析了市域尺度的土地利用生态安全格局，但不能揭示不同活动过程间的相互影响和内在机制，因此，不同尺度的、多时态的变化过程以及内在联系的分析可作为今后研究的重点。

五、未来方向

根据生态阻力因子指标，建立生态阻力面，对拉萨市生态安全水平进行评价，评价结果显示全市生态安全水平良好，表现出北高南低、中部低、西北和东北部高的特征。生态安全高级区域占市域总面积 34.51%，低级区域占 9.01%。生态安全空间分析显示拉萨市生态安全的全局 Moran's I 指数为 0.5180，LISA 聚类图显示拉萨市生态安全等级主要以高高、低低两种聚集类型为主，在空间上呈明显的片状集聚分布特征。选择市域 8 处大型自然保护区为生态源，构建生态源地生态积累耗费阻力面，运用 MCR 模型及重力模型进行潜在生态廊道的提取，共提取生态节点 51 个、潜在生态廊道 80 条，总长度约 3449.7298 千米，其中，一级、二级廊道长度占总长度的 32.32%。结合拉萨市生态经济发展和旅游文化产业布局规划，提出"一环三带"的生态网络布局模式，实施"环内集聚、轴向带动"生态空间发展策略，为拉萨市生态产业空间布局提供决策依据。

第七章

国土空间动态归因

第一节　国土空间动态变化

一、概念

国土空间动态变化通常指因土地特性自身变化及人类个体或群体作用方式变化引起的土地利用方式、覆被和使用程度的变化，国土空间动态变化是人类活动与自然生态环境相互作用的集中体现（Liu Jiyuan et al.，2003）。国土空间动态变化也可以理解为人类活动与自然环境相互作用最直接的表现形式。我们可以认为国土空间动态变化的研究本质上是"人类—环境"关系研究（G. N. Wijesekara et al.，2012）。

二、研究进展

关于国土空间的动态变化研究在早期主要集中于关注土地利用时空的变化，研究的方法主要采用定性分析和定量描述。早期很多研究者通过实地调查、获取相关资料和近期土地利用分类等方式，获取一定区域的土地利用现状情况及历史情况（Turner B. L. et al.，1995）。随着国际地圈生物圈计划（IGBP）和全球变化人文计划（IHDP）的发展，20 世纪 90 年代，由于土地利用变化研究的提出，土地利用变化研究逐渐成为环境变化研究中受各国研究者关注的问题（郑华等，2003；涂小松等，2015；Wilgen V. B. et al.，1996；李涛等，2016）。

对于国土空间的动态变化研究，随着研究的不断深化，研究内容由单纯的数量变化和程度变化逐步纳入多学科理论的研究，其中，环境科学、人类学、社会学、生态学等多个学科的研究内容也不断深化到国土空间的动态变化中。不仅如此，随着时代的发展，进入 21 世纪以来，国内外学者也加强了对土地利用的时空演变方面的研究。例如，基于遥感影像和历史数据对 1880～2010 年印度耕地、林地、草地建设用地等土地利用变化情况的研究（Tian H. Q. et al. , 2014）。

通过 1975～2010 年的长期 Landsat 数据研究密苏里河流域生态系统对流域土地利用变化和气候变化的相互影响研究（Kandrika S. et al. , 2008）。我国的相关研究始于 20 世纪 90 年代，国内学者陆续开展了典型地区的土地利用相关研究。例如，不少学者开展对北京、上海和不同流域土地利用变化的分析，并以不同方式建立土地利用动态模型。

第二节　城镇化快速发展地区国土空间利用变化及影响分析案例

一、案例区概况

研究区位于成都市西南郊，地理位置介于东经 103°47′～104°15′、北纬 30°13′～30°40′。原为双流县，于 2015 年 12 月 3 日正式批复设立为双流区。双流区气候属四川盆地亚热带湿润季风气候，气候温和湿润，降水丰富，四季分明。历年平均气温 16.3℃。2016 年，全区常住人口 78.25 万人，城镇化率 81.04%。双流区是成都向南发展的中心地带、天府新区的重要组成部分，全国百强县，是中国西南地区推进城乡一体化、构建和谐社会的先行之地（四川省统计局，2017）。

二、数据来源

本部分将 2006 年、2016 年双流县土地利用现状调查数据和 2006 年、2016 年二调变更的数据影像作为基础，DEM 数据和地貌数据（分辨率为 30 米）来源于地理空间数据云网站。人口、社会经济统计数据来源于 2006 年、

2016 年双流县统计年鉴数据。消除物价上涨所用的 CPI 指数数据来源于国家统计局网站。

三、国土动态变化分析

（一）土地利用

应用转移矩阵表示土地利用类型转换的方向和数量。

$$C_{ij} = 10 A_{ij}^{t} + A_{ij}^{t+1} \qquad (7-1)$$

其中，i 和 j 分别为两种土地利用类型；C_{ij} 为转移矩阵；t 为研究初期；A_{ij}^{t} 和 A_{ij}^{t+1} 分别为研究初期和末期的土地状态。

（二）生态服务价值修订及计算

本书依据 Costanza 和谢高地等确定的生态服务价值系数，结合谢高地对中国陆地生态系统提出的价值当量换算方法，生态系统服务价值当量因子是生态系统潜在服务价值的相对贡献率，由于没有人力投入的自然生态系统提供的经济价值是现有单位面积农田提供的食物生产服务经济价值的 1/7，因此，本书将生态系统服务价值当量因子定为每年每公顷农作物产值的 1/7。

$$ESV = \sum_{k=1}^{n} A_k VC_k \qquad (7-2)$$

其中，ESV 为研究区生态系统服务总价值（元）；n 为土地利用类型的数量；A_k 为研究区内土地利用类型 k 的分布面积（km^2）；VC_k 为第 k 类土地利用类型的 ESV 系数，即单位面积上土地利用类型 k 的 ESV（元 $km^2 a-1$）。

（三）ESV 损益计算

$$P_{ij} = (VC_i - VC_j) A_{ij} \qquad (7-3)$$

其中，P_{ij} 为第 I 类土地利用类型转化为第 j 类土地利用类型后的 ESV 损益，VC_i 和 VC_j 分别为第 i、j 类土地利用类型的 ESV 系数；A_{ij} 为第 i 类土地利用类型转化为第 j 类土地利用类型面积。

（四）单位面积 ESV 修订

$$a_i = CPI/100$$

$$\frac{a_1}{a_0} \times \frac{a_2}{a_1} \times \frac{a_3}{a_2} \times \cdots \times \frac{a_n}{a_{n-1}} = \frac{a_n}{a_0}$$

（7-4）

$$VC_k = VC_{k'} \times \frac{a_n}{a_0}$$

$$VC'_k = 当量 \times 单位面积价值$$

其中，CPI 为居民消费指数；a_i 为去除单位 CPI；$\frac{a_1}{a_0}$ 为第一期环比 CPI；$\frac{a_n}{a_0}$ 为现期同比定基 CPI；根据当量数据参考文献表，单位面积价值为研究区当年主要粮食作物单位面积产值的 1/7。

（五）景观格局指数分析

基于景观指数间的相关性，结合双流区城镇化快速发展的区域特征及研究目标，本次在类型水平上选取斑块数量（NP）、最大斑块指数（LPI）、斑块平均面积（AREA_ MN）共三个指数，在景观水平上选取香农多样性指数（SHDI）、蔓延度指数（CONTAG）、斑块形状指数（SHAPE_ MN）、分形维指数（FRAC_ MN）、聚合度指数（AI）共五个指数以 Fragstats 4.2 软件为技术平台进行计算分析。

四、国土空间时空变化特征分析

（一）国土利用结构和空间格局时空变化分析

1. 国土利用结构的时间变化特征。国土利用变化主要从土地利用类型面积变化和变化速率两个方面进行。如表 7-1 所示，2006～2016 年研究区建筑用地面积比例快速上升，耕地、林地、草地、水域、未利用地均呈下降趋势。至 2016 年底，耕地占研究区 55.78% 的面积，仍居主导地位，林地、草地、水域、未利用地均有减少，所占比例分别由 2006 年的 7.36%、0.19%、5.56%、0.26% 下降至 2014 年的 7.03%、0.07%、5.27% 和 0.04%。草地所占比例由 2006 年的 7.36% 下降至 2014 年的 7.03%。可以看到，10 年间研究区是一个地类快速转化的时期，各类用地变化明显，在各类用地减少的同时，仅有建设用地在增加，10年间建设用地增加了3.36%。

表7-1　　　　双流县2006~2014年土地利用类型构成及变化率

土地类型	土地利用类型构成（%）		土地利用变化率（%）
	2006年	2016年	2006~2016年
耕地	61.57	55.78	-1.18
林地	7.36	7.03	-0.56
草地	0.19	0.07	-7.95
水域	5.56	5.27	-0.66
建筑用地	25.06	31.81	3.36
未利用地	0.26	0.04	-10.39

根据双流县2006~2014年土地利用转移矩阵，2006~2016年研究区耕地转出面积最大为16742.54平方千米、其次依次为建筑用地6889.62平方千米、林地3955.02平方千米、水域2785.31平方千米、未利用地244.52平方千米、草地193.94平方千米。转出比重最大的是草地96.38%，其次为未利用地89.73%、林地50.43%、水域47.02%、建筑用地25.81%、耕地25.53%。其中，转入面积最大的是建设用地，共14074.28平方千米，其次分别为耕地10575.74平方千米、林地3604.64平方千米、水域2472.35平方千米、草地65.97平方千米、未利用地17.96平方千米。转入比重最大的是草地90.04%，其次分别是林地48.11%、水域44.06%、建筑用地41.54%、草地39.08%和耕地17.80%。

10年间双流区国土利用变化以各类用地向建筑用地转化为主，说明双流区在这一时期城市化进程较快。根据土地利用类型构成，耕地是双流区的主要生态服务用地，近10年研究区生态服务用地（耕地、林地、草地、水域、未利用地）不断减少，转为生态功能较低的建设用地，建设用地以城区向郊区扩散的方式占用耕地（见表7-2）。

表7-2　　　　双流县2006~2014年土地利用转移矩阵

土地利用类型	耕地	林地	草地	水域	建筑用地	未利用地	转出合计	2006年
耕地（平方千米）	48847.15	2695.30	41.75	1831.80	12173.56	0.13	16742.54	65589.70
B%	74.47	4.11	0.06	2.79	18.56	0.00	25.53	100.00

土地利用类型	耕地	林地	草地	水域	建筑用地	未利用地	转出合计	2006 年
C%	82.20	35.98	56.98	32.65	35.93	0.29		
林地（平方千米）	2879.16	3887.50	16.24	134.02	925.52	0.08	3955.02	7842.52
B%	36.71	49.57	0.21	1.71	11.80	0.00	50.43	100.00
C%	4.85	51.89	22.16	2.39	2.73	0.18		
草地（平方千米）	88.64	85.53	7.29	3.89	15.88	0.00	193.94	201.23
B%	44.05	42.50	3.62	1.93	7.89	0.00	96.38	100.00
C%	0.15	1.14	9.95	0.07	0.05	0.00		
水域（平方千米）	1691.47	138.50	1.03	3138.62	940.43	13.86	2785.31	5923.92
B%	28.55	2.34	0.02	52.98	15.88	0.23	47.02	100.00
C%	2.85	1.85	1.41	55.94	2.78	30.16		
建筑用地（平方千米）	5819.75	646.54	4.53	414.92	19806.79	3.88	6889.62	26696.42
B%	21.80	2.42	0.02	1.55	74.19	0.01	25.81	100.00
C%	9.79	8.63	6.18	7.39	58.46	8.45		
未利用地（平方千米）	96.71	38.77	2.43	87.71	18.89	28.00	244.52	272.52
B%	35.49	14.23	0.89	32.19	6.93	10.27	89.73	100.00
C%	0.16	0.52	3.32	1.56	0.06	60.92		
转入合计（平方千米）	10575.74	3604.64	65.97	2472.35	14074.28	17.96		
C%	17.80	48.11	90.04	44.06	41.54	39.08		
2014 年（平方千米）	59422.89	7492.14	73.27	5610.96	33881.08	45.96		106526.30

注：B% 为初期转出比重，C% 为末期转入比重。

2. 国土利用空间变化特征分析。利用 2006 年和 2016 年两个时期的土地利用现状图开展土地利用变化分析，按照五个坡度等级分别统计（见表 7-3），可见地类转移随着坡度增加呈减少趋势，各类用地相互转移主要发生在 0～

2°和2~6°区间。其中耕地转建筑用地主要在0~2°和2~6°区间，占总转移量的97.88%，以0~2°转移为主；耕地转林地主要为2~6°，占比40.39%，耕地转水域以0~2°区间为主，占比67.95%。建筑用地转耕地主要集中在0~2°区间，占比69.08%；建筑用地转林地以2~6°区间为主，占比45.22%，建筑用地转水域以0~2°区间为主，占比73.27%。另外林地转耕地以2~6°区间为主，占比38.28%，林地转建筑用地0~2°区间为主，占比46.07%；水域转耕地和建筑用地均以0~2°区间为主，分别占比66.28%和80.42%。通过转移区域及不同坡度分析，我们可以看到在2006~2014年，平缓区域的耕地、林地、水域和建设用地互相转移频发。且增幅主要发生在煎茶、西航港等城市化较快的区域。由此看来，该时期煎茶、西航港景观类型变化的主要特征是耕地资源的快速减少和建设用地的急速增加（见表7-3）。

表7-3　　双流县2006~2014年土地转移区域坡度统计

地类转移	不同坡度转出面积					
	0~2°	2~6°	6~15°	15~25°	≥25°	合计
草地转耕地	17.32	23.81	36.01	11.50	0.00	88.64
草地转建筑用地	6.69	7.04	1.21	0.94	0.00	15.88
草地转林地	3.76	14.13	38.13	29.51	0.00	85.53
草地转水域	2.82	0.51	0.47	0.10	0.00	3.89
耕地转草地	9.03	12.52	16.47	3.74	0.00	41.75
耕地转建筑用地	9480.03	2435.89	218.31	39.19	0.15	12173.56
耕地转林地	813.46	1088.52	544.69	244.10	4.53	2695.30
耕地转水域	1244.68	531.71	50.42	4.98	0.01	1831.80
耕地转未利用地	0.02	0.11	0.00	0.00	0.00	0.13
建筑用地转草地	1.45	2.51	0.41	0.16	0.00	4.53
建筑用地转耕地	4020.40	1487.98	261.76	49.61	0.01	5819.75
建筑用地转林地	272.58	292.39	63.37	18.19	0.00	646.54
建筑用地转水域	304.02	99.42	10.28	1.19	0.00	414.92
建筑用地转未利用地	3.85	0.03	0.00	0.00	0.00	3.88
林地转草地	1.81	2.56	9.39	2.47	0.00	16.24
林地转耕地	913.66	1102.07	599.83	260.31	3.28	2879.16
林地转建筑用地	426.39	411.74	64.47	22.84	0.09	925.52

地类转移	不同坡度转出面积					
	0~2°	2~6°	6~15°	15~25°	≥25°	合计
林地转水域	65.50	56.68	9.80	2.04	0.00	134.02
林地转未利用地	0.00	0.01	0.04	0.03	0.00	0.08
水域转草地	0.37	0.51	0.15	0.00	0.00	1.03
水域转耕地	1121.10	505.51	57.26	7.53	0.07	1691.47
水域转建筑用地	756.28	172.92	10.45	0.79	0.00	940.43
水域转林地	68.74	55.56	11.22	2.85	0.12	138.50
水域转未利用地	12.86	0.33	0.67	0.00	0.00	13.86
未利用地转草地	1.11	0.65	0.67	0.00	0.00	2.43
未利用地转耕地	41.09	25.92	22.33	5.99	1.39	96.71
未利用地转建筑用地	12.05	5.92	0.55	0.35	0.02	18.89
未利用地转林地	8.09	4.72	15.63	10.19	0.15	38.77
未利用地转水域	84.91	2.28	0.52	0.00	0.00	87.71

（二）景观格局时空变化

从两年的 FRAC 分形维数指数变化看，总体指数有提高，说明人力活动对景观格局影响越来越明显，其中，耕地和建筑用地分形维数指数最高，说明耕地和建筑用地斑块不规则程度都高，这两类块用地转出量大，平均形状复杂度提高，斑块的形状趋向复杂。林地、草地、水域和未利用地斑块形状则呈较高的聚集状态。耕地、林地、水域、草地的聚合度指数均有下降，表明研究区主要的生态系统类型斑块间的连通性变差、离散度提高。2006~2014 年 IJI 呈下降趋势，表明图斑类型的优势度下降，影响景观间连接线和通达性下降。SHDI 和 SHEI 则呈上升趋势，显示地类破碎现象一直延续，斑块类型减少，优势地类不断弱化，地类分布更趋复杂化。蔓延度指数也表现出明显下降，表明斑块集聚程度变低，连通性变差。

各景观指数意义如下：斑块密度是用于反映区域景观的破碎化程度，PD的数值越大，表明斑块的分散和破碎程度越高，受人为活动干扰的影响越大；最大斑块指数是指景观中最大斑块面积与总面积之比，这有助于确定景观优势类型；最短欧式距离是指通过度量同景观斑块间的相隔距离，从而得出景观斑块的分散情况以及聚集程度；香农多样性指数能反映景观中斑块类型的丰富程度，其值越大表明斑块类型越丰富；蔓延度指数指在可测度同一景观组分时的集聚程度，其值越大，则表明斑块集聚程度越高，连通性更好；聚合度指数指每一种景观类型斑块间的连通性，取值越小，景观越离散（见表7-4、图7-1）。

表7-4　　　　　　　双流县2006~2014年景观格局指数

景观指数	2006 年	2014 年
CONTAG	65. 6515	64. 9967
IJI	49. 9971	48. 1267
SHDI	1. 0252	1. 0401
SHEI	0. 5722	0. 5805

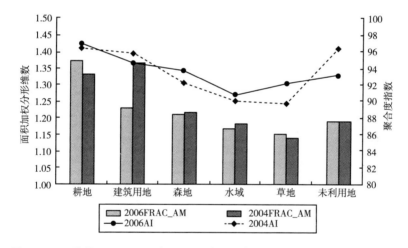

图7-1　双流县2006~2014年不同土地利用类型 FRAC-AM 和 AI 指数变化

（三）ESV 变化

1. 时间变化。根据2006~2014年双流县统计年鉴的数据，计算出主要粮食作物的种植面积和产值，结合 CPI 计算剔除通货膨胀部分的单位面积价值，同时，根据各类生态系统的面积数据得出期初和期末的 ESV。2006~2014年间 ESV 总体下降近19.82%，其中，下降最明显的分别是水源涵养、土壤形成与保护和气候调节功能。9个生态功能中仅有食物生产功能有较少增加，增加比值为6.45%。各类生态系统 ESV 仅耕地有增加，增加比例为

9.76%，其他生态系统均呈减少趋势，其中，林地 ESV 减少值最高，其次分别为水域、湿地和草地。8 年间林地虽然从面积上总的只减少了 0.56%，但 ESV 减少量却达到 39.05%，说明林地减少是引起 ESV 降低的主要生态系统。耕地面积在 8 年间减少了 1.18%，但 ESV 却增加了 9.76%，这主要源于主要粮食单位产量的增加抵消了面积减少带来的负效应（见表 7 - 5、表 7 - 6）。

表 7 - 5　　　双流县 2006 ~ 2014 年 ESV 时间变化　　单位：万元·hm^{-2}·a^{-1}

生态系统服务功能	各年份	
	2006 年	2014 年
气体调节	30898.34495	21513.48518
气候调节	30841.62872	23600.88228
水源涵养	61647.45249	50631.60503
土壤形成与保护	44539.16783	35037.64474
废物处理	56382.8757	51948.32
生物多样性保护	35374.14286	26589.87424
食物生产	12036.43376	12812.94104
原材料	19864.45844	12653.60929
娱乐文化	16218.30735	11994.06767
合计	307802.8121	246782.4295

表 7 - 6　　　双流县 2006 ~ 2014 年各生态系统 ESV　　单位：万元·hm^{-2}·a^{-1}

生态系统	各年份	
	2006 年	2014 年
农田	76940.70697	84456.24557
林地	157405.3871	95933.19529
草地	365.0335948	134.0349577
水域	70398.80549	65539.84689
湿地	2682.15031	719.0836836
荒地	10.72865668	0.023079078
合计	307802.8121	246782.4295

2. 生态系统损益。2006 ~ 2014 年 ESV 总体减少了 17187.46 亿元，其中，水域转换成其他地类 ESV 损失量最大，其次是林地转换成农田、草地

和建设用地也带来 ESV 明显的负流向，耕地转换为建筑用地也带来了 21086. 64 亿元的损失，而耕地转换为林地和水源带来了大量生态系统服务增值。建筑用地转换成其他地类均带来了 ESV 的增加。从整体来看，2006 ~ 2014 年 ESV 的收益小于损失主要来源于林地和水域转换成其他地类带来的负流向（见表 7 - 7）。

表 7 - 7　　　　　　　　　双流区 2006 ~ 2014 年 ESV 损益矩阵

土地利用类型	农田	林地	草地	水域	建筑用地	总计
农田（10⁴元）	0. 00	10094. 14	3. 45	15630. 34	- 21086. 64	4641. 29
林地（10⁴元）	- 10782. 70	0. 00	- 59. 46	641. 63	- 5069. 33	- 15269. 85
草地（10⁴元）	- 7. 33	313. 24	0. 00	32. 88	- 28. 82	309. 98
水域（10⁴元）	- 14432. 92	- 663. 11	- 8. 73	0. 00	- 9653. 48	- 24758. 25
建筑用地（10⁴元）	10080. 79	3541. 25	8. 22	4259. 12	0. 00	17889. 37
总计（10⁴元）	- 15142. 17	13285. 51	- 56. 52	20563. 98	- 35838. 27	- 17187. 46

3. ESV 空间变化。双流县地形分布沿东南—西北方向依次呈低山、丘陵和平原分布。连接龙泉山脉中段西侧的东北部乡镇在 2006 ~ 2014 年 ESV 最高，包括太平镇、白沙镇和合江镇，中南部煎茶镇丘陵面积大，因此 ESV 偏高于其他乡镇。而属于平原区的北部乡镇中和街道、西航港街道、九江街道因为连接武侯和高新南区，建筑用地增加明显，城市建设迅速，地类多样性下降严重，ESV 损失严重。

（四）景观格局变化与 ESV

利用 Fragstats 4. 2 软件计算斑块个数、斑块平均面积、最大斑块所占景观面积的比例、形状、形状维度、聚集度 6 个景观指数。表明斑块丰度和图斑面积存在明显相关性，与斑块聚集度相关性偏弱，与斑块形状复杂度呈负相关（见表 7 - 8）。

表 7 - 8　　　　　　双流县 2006 ~ 2014 年景观格局指数与 ESV 相关性

景观指数	斑块数量 NP	面积平均 AREA_MN	最大斑块指数 LPI	斑块形状指数 SHAPE_MN	分形维 FRAC_MN	聚集度 AI
相关系数	0. 80	0. 24	- 0. 33	- 0. 14	- 0. 13	0. 14

五、归因分析

（一）ESV 变化的主要驱动因素

研究区林地和水域向其他土地利用类型（建筑用地和耕地为主）的转化是影响 ESV 下降的主要原因。2006 年，林地、水域分别占研究区总面积的 7.36% 和 5.56%，却分别提供了 51.14% 和 22.87% 的生态系统服务价值。尽管 10 年间林地、水域分别减少 0.56% 和 0.66%，但是 2016 年研究区林地和水域生态系统服务价值却分别降低了 61472.19 万元·hm^{-2}·a^{-1} 和 4858.96 万元·hm^{-2}·a^{-1}，下降比例分别为 39.05% 和 6.90%。2006~2016 年研究区林地和水域主要转换为耕地（分别为 73.09% 和 60.75%）和建筑用地（分别为 23.49% 和 33.78%）。林地和水域生态系统具有涵养水源、保育土壤、固碳释氧、积累营养物质、净化大气环境、森林防护、生物多样性保护、地下水补给和游憩等多种服务功能，是维持区域生态系统平衡的重要生态类型之一。农田的生态功能低于林地和水域，因此，大量林地和水域的转化导致了研究区 ESV 的快速下降。然而林地和水域大量转化为建筑用地和耕地主要源于天府新区、成都向南发展的推动力，因为转换为建筑用地或耕地会带来更高的经济收益。

双流区作为西南省会成都发展的前沿，一方面是推动城镇化、产业化的快速发展，另一方面通过增减挂钩项目维持建设用地增加和耕地占用的平衡。成都市作为城乡统筹的试点区域，一直开展城乡建设用地增减挂钩试点项目。城镇建设用地增加和农村建设用地减少相挂钩（简称挂钩）是指依据土地利用总体规划，将若干拟整理复垦为耕地的农村建设用地地块（即拆旧地块）和拟用于城镇建设的地块（即建新地块）等面积共同组成建新拆旧项目区（简称项目区），通过建新拆旧和土地整理复垦等措施，在保证项目区内各类土地面积平衡的基础上，最终实现建设用地总量不增加、耕地面积不减少、质量不降低、城乡用地布局更合理的目标。另外，2006~2016 年双流区人口增加了 12.40%，人口的迅速增加使增加和保护农田、增加粮食产量的需求更加迫切。

近年来，耕地单位产量的提高使粮食提供等生态功能提高，但化肥的用量增加必然增加灌溉水需求，并加剧了对水资源的压力。零星的林地和水域的复垦使耕地和建筑用地斑块不规则程度都有所增高，这两类块用地转出量大，平均形状复杂度提高，斑块的形状趋向复杂。

天然林地的生物量较高和生物多样性等生态服务功能强，但生产价值却远远低于耕地、园地，尤其处于近郊的双流区，果园的生产力更高，并能够在短期获得较高的经济利润，这促使农户由砍伐森林转向种植果树或蔬菜，减少的林地导致生态系统服务价值大量下降。

（二）基于生态空间格局的城市发展

近几十年来，理解城市与环境的相互作用及其原理逐渐影响了城市规划，生态系统服务也迅速引起人们的兴趣。考虑生态系统服务价值对于加强战略性土地利用规划和城镇化地区可持续发展至关重要。为了使用和维护资源的可持续性，在城乡统筹过程中将生态原则纳入决策过程是非常关键的一点。成都市是中国西南五省人口最密集、经济最发达的核心区，双流区作为成都市向南发展的前沿，巨大的发展需求、快速的城镇化将进一步挤压生态空间，大量基础设施建设和高强度资源开发活动将加剧生境破碎化、生物多样性减少，生态环境恶化，地区社会经济发展与生态保护的矛盾亦将更加突出。如何依据生态现状协调经济、产业和生态环境保护建设的关系尤其关键。目前可以依据生态空间格局构建"两楔、两区、三中心、多廊"的生态安全格局，其中，三中心：空港中央公园、牧马山城市森林公园、兴隆湖；两楔：金马河绿楔和锦江绿楔；两区：发挥近郊优势打造金马河、锦江—龙泉山两片生态区，以生态保护为主，同时兼具农业生产、旅游休闲等功能；多廊：环城生态带、二绕生态带、金马河绿锲、锦江绿锲以及江安河、杨柳河、天府大道等多条生态廊道；绿道串联生态区、综合性公园、湿地公园、郊野公园、小游园、微绿地，形成绿廊相连、纵横贯通的绿化网络。

第八章

国土空间利用优化

第一节　国土空间格局优化

一、概念

国土空间格局优化是以"三生"功能的空间识别为基础，在未来一个时期或是在某个空间内，国土空间具有的综合效益较优的方案。我们也可以认为国土空间格局优化是一种自然与人、社会与环境的复合调整策略方案（何冬华，2017）。通过对国土资源的本质特征、社会经济特征以及系统学理论，在 RS 和 GIS 技术的支持下，对国土资源的结构与使用方向进行安排、设计、组合和布局的过程，内容涉及土地利用结构优化、国土空间优化、数据资源的优化等，我们把这个过程亦可以当作国土空间优化（匡文慧，2019）。

二、研究进展

目前，国内外关于国土空间格局优化的相关研究主要从过程、格局、机制及政策策略等方面展开。大多通过多源数据耦合，在不同尺度上通过实际调查或构建模型模拟分析国土空间开发布局演变过程。研究区域内不同国土空间要素的数量、布局、时空联系和区域分异及其形成机制，在此基础上将定性分析与定量研究方法相结合，构建国土空间开发布局情景模拟和优化模型，并基于模型结果提出相关优化政策建议（李明薇，2019）。

学者们经常关注区域人口、产业结构与布局优化、区域均衡发展、城乡发展统筹、乡村重构、国土资源集约利用、资源环境承载力评价以及国土空间开发适宜性评估等方面内容（李思楠，2020；李雨彤，2020；刘雯璐等，2020；刘春芳等，2019；柳冬青等，2018）。

第二节　CLUE-s 模型的国土空间格局模拟及优化案例分析

一、案例区概况

根据资中县 2018 年《资中年鉴》（资中县地方志办公室，2018）资中县地处四川盆地中部、沱江流域中段，沱江横贯全境，经纬度为 29°34′N ~ 30°24′N，106°27′E ~ 104°27′E。整体位于成渝双城经济圈中心段，东距重庆市 165 千米，西北距成都 104 千米。县域东南部与内江市市中区、东兴区相邻，西南方向与威远县相接，西部为眉山市仁寿县，北部与资阳市雁江区连接。县域国土总面积 1734.88 平方千米，全县共辖 33 个乡镇，现状建成区位于水南镇及重龙镇。

（一）自然条件概况

1. 地形地貌。根据资中县 30 米分辨率 DEM 数字高程模型数据统计分析，资中县整体高程介于 254 ~ 718 米之间，相对高差达 464 米，区域最高点位于县域西南部的新桥镇山地，海拔 718 米，最低点位于境内沱江水面，海拔 254 米。整体地形西南高、东及东北部低，造成全县由西部和西南部向东部和东北部倾斜的坡形地势。全县为典型的低山浅丘区，浅丘平坝相间，丘陵面积 1474.67 平方千米，占辖区面积的 85%；低山窄谷面积 260.21 平方千米，占辖区面积的 15%。

2. 水文条件。根据《资中县水资源综合规划报告》《资中县"十三五"水资源综合利用及水利基础设施建设研究报告》分析，资中县年均水资源总量为 6.72 亿立方米/年，可利用水资源量 3.70 亿立方米/年，年均水总量为 2.08 亿立方米/年，生活用水 3905 万立方米/年，占总用水的 18.8%；生产用水 1.68 亿立方米/年，占总用水的 80.7%；生态用水 95 万立方米/年，占总用水的 0.5%。

3. 气象条件。根据国家气象科学数据中心提供的中国地面气候标准值年值数据集分析，资中县在所处经纬度、海拔、地形地貌特征、夏季西南季风、冬季西伯利亚高压的共同作用下形成了四季分明、气候温和的亚热带湿润季风气候。区域年均气温 17.4℃。历年平均降雨量 986.2 毫米，年均蒸发量 1182.4 毫米，年均相对湿度 80%，年均日照时数 1159.9 小时，年均风速 1.9 米/秒，大气压力 96.5～98.3 千帕。

(二)人口数据

根据资中县 2018～2020 年《资中年鉴》数据统计分析，2018 年末，全县户籍总人口 124.61 万人，其中，非农业人口 18.25 万人，农业人口 106.36 万人。2020 年末，户籍人口 121.67 万人，非农业人口 20.45 万人，农业人口 101.22 万人。2020 年末，常住人口 115.4 万人，城镇人口 47.0 万人，农村人口 68.4 万人，城镇化率 40.8%。另据第七次全国人口普查公报，资中县常住人口 84.56 万人，较第六次人口普查数据下降 34.6 万人，占内江市流出人口的 61.6%。本次研究为使人口数据与其他各类数据匹配，采用精准到乡镇级行政区的 2018 年户籍人口数据。

(三)土地利用格局

根据资中县 2018 年土地利用现状调查变更数据统计分析，资中县县域面积为 1734.88 平方千米（见表 8-1）。其中，面积最大的地类分别是旱地、水田、乔木林地，面积分别为 617.75 平方千米、312.82 平方千米、263.43 平方千米，分别占县域面积的 35.61%、18.03%、15.18%。

表 8-1 　　　　　　　　　　资中县土地利用情况表

编码	一级地类	二级地类	面积（平方千米）
0	湿地	内陆滩涂	1.56
1	耕地	水田	312.82
		旱地	617.75
2	种植园用地	果园	179.93
		茶园	0.26
		其他园地	3.97
3	林地	乔木林地	263.43
		竹林地	45.20
		灌木林地	23.47
		其他林地	6.56

续表

编码	一级地类	二级地类	面积（平方千米）
4	草地	其他草地	5.55
5	商业服务业用地	商业服务业设施用地	1.05
		物流仓储用地	0.29
6	工矿用地	工业用地	3.04
		采矿用地	5.63
7	住宅用地	城镇住宅用地	11.88
		农村宅基地	126.37
8	公共管理与公共服务用地	机关团体新闻出版用地	0.59
		科教文卫用地	1.97
		公用设施用地	0.57
		公园与绿地	0.04
		广场用地	0.08
9	特殊用地	特殊用地	0.33
10	交通运输用地	铁路用地	2.30
		公路用地	9.31
		城镇村道路用地	1.85
		交通服务场站用地	0.43
		农村道路	23.32
		港口码头用地	0.02
		管道运输用地	0.01
11	水域及水利设施用地	河流水面	33.25
		水库水面	16.70
		坑塘水面	28.93
		养殖坑塘	3.82
		沟渠	0.78
		水工建筑用地	0.61
12	其他土地	空闲地	0.04
		设施农用地	1.05
		裸土地	0.04
		裸岩石砾地	0.06
总计			1734.88

二、数据来源及预处理

（一）数据来源

按照数据性质划分，本次研究主要使用三种类别的数据：统计类数据、基础地理信息类数据、土地利用数据。

本部分统计类数据包括来源于资中县人民政府官网的资中县统计公报、来自中国气象数据网的资中县气象数据、来自中国科学院资源环境科学与数据中心的水资源数据和资中县地质灾害点分布数据。其中，资中县统计公报用于统计资中县各乡镇人口，水资源数据用于统计各乡镇水资源丰度，气象数据用于统计资中县气温、降水、风速、气压，地质灾害点分布数据用于提取地灾点类型和位置。

基础地理信息数据为来自地理空间数据云的 30 米分辨率 DEM 数字高程模型数据。DEM 数据可用于提取资中县高程、坡度、坡向、地形起伏度。

土地利用数据包括来自中国科学院资源环境科学与数据中心的资中县 2018 年土地利用现状调查变更数据库以及 2010 年、2020 年两期资中县土地利用遥感检测数据作为遥感监测数据。土地利用现状调查变更数据库可用于提取现状道路、商服中心、各类水面、客运站点，土地利用遥感检测数据可用于计算国土空间转化矩阵和转换概率。

（二）数据预处理

1. 统一数据类型。所有数据均以栅格形式进行运算，将获取到的文本信息在 ArcGIS 10.2 地理信息处理平台中进行可视化处理。将人口数据、水资源数据、气候数据等点状分布的数据进行插值分析，使用克里金插值工具将信息处理至与其他数据相同的范围，以便进行后续运算。所有矢量文件使用面转栅格工具统一至相同类型。

2. 确定评价单元。本书的土地承载力评价由建设用地承载评价、人均水资源评价、农业生产规模评价构成，以乡镇级行政单元作为评价单元。

建设用地承载评价以资中县建设用地适宜性为基础，资中县建设用地适宜性以像元作为评价单元，每个像元为 30 米空间分辨率。

国土空间格局预测以像元作为评价单元，为满足模型采样要求，每个像元为 100 米空间分辨率。

3. 统一地理坐标系。本次研究采用的资中县 2018 年土地利用现状调查变更数据、由中国科学院收集到的土地利用数据、中国土壤数据集等数据分别处于不同坐标系。在本次研究中，将所有数据统一至 CGCS2000 坐标系，使用 3 度带，带号为 35。

三、CLUE-s 模型相关参数

（一）评价单元

CLUE-s 模型由荷兰瓦赫宁根大学"土地利用变化和影响"研究小组在 CLUE 模型的基础上开发而来，是一个较好的土地利用变化空间模拟模型。该模型对参数文件有严格要求，所有数据均需由栅格数据转为二进制文档录入。为保证模型预测精度和满足模型对数据的采样要求，所有数据统一至 CGCS2000 坐标系，以像元为评价单元，像元大小为 100 米空间分辨率。

（二）国土空间转换影响因子选择与分析

1. 选取原则。

（1）综合性。国土空间的演变受多方面因素影响，是一个综合博弈的结果。自然条件、国家政策、社会经济等多种因素共同驱动着国土空间的演变方向。

（2）一致性。所用数据应该保证时空一致性，不同的驱动因子应该选取同一时期、同一空间位置的数据。

（3）显著性。所有驱动因子应该与研究区的国土空间变化有显著的关联性。

（4）定量化。所有数据均需导入 CLUE-s 模型进行运算，数据应是可以量化的指标，而非定性指标。

2. 驱动力因子的选取。根据上述原则，本次研究选取自然条件、社会经济条件和区位条件三个大类的数据作为驱动 CLUE-s 模型的驱动因子。

（1）自然条件。自然条件是所有国土空间类型的先决条件，主要包括地形条件：高程、坡度、坡向、地形起伏度等；气候条件：气温、降水、风速等；土壤条件：土层厚度、土壤酸碱性、土壤可蚀性等；水位条件：距河流距离、河网密度、水资源禀赋等。资中县地处盆地中部，整体地形西南高、东北低，全县气温、降水差别不明显，且无巨大地形阻隔，地质灾害点分布广泛，耕地面积占比高。因此，本次研究选取高程、坡度、坡向、距河流距离、距地质灾害点距离为自然条件下的国土空间驱动因子。

（2）社会经济条件。政策导向是国土空间结果发生变化的重要动力。城镇化进程逐步加快，城市各项功能逐渐完善，大量的人口向城市集中，城市规模又要扩大以满足城市发展的需求。基于此，本书选取人口密度、商业服务设施密度作为社会经济因子的主要驱动因子。

（3）区位条件。交通区位是城市发展的基础。基础设施的完善与否直接关系着城镇空间的发展速度。基础设施的供给能力随着距离增加而大大减弱。城市交通设施能够改变整个城市土地利用结构，可提高土地利用强度，促进城市土地多方位的开发与更新。研究选取距商服中心距离、距客运站距离、路网密度作为区位交通的驱动力方面的影响因子。

3. 限制性因子的选取。将资中县已经划定的生态红线区域和土规禁止建设区设置为城镇生活空间和农村生活空间扩张限制区，禁止两种空间类型向内扩张。

（三）CLUE-s 模型参数设置

1. CLUE-s 模型所需参数文件。CLUE-s 模型的运行一共需要 7 个参数文件（见表 8 - 2）。该软件对参数文件要求十分严谨，各文件必须严格按照所需要求设置。在软件安装目录下修改相应文档参数后即可直接运行软件。其主要参数示意如表 8 - 2 所示。

表 8 - 2　　　　　　　　　CLUE-s 模型输入文件含义

文件名	文件含义
cov_ all. 0	起始年份国土空间布局图
sc1gr * . fil	国土空间变化驱动因子文件（ * 代表驱动因子的序号）
region park * . fil	国土空间变化限制区域文件（ * 代表不同的限制区域文件）
demand. in *	土地需求文件（ * 代表不同的土地需求方案）
allow. txt	国土空间转移矩阵文件
alloc1. reg	回归方程参数设定文件
main. 1	模型的主要参数设置文件

2. demand. in * 文件设置。根据 2010~2020 年土地利用转移矩阵，计算这一时期各类土地利用类型的变化量，该值可以是正值也可以是负值。同时，所有空间的总变化量必须为零，将变化量以逐年的方式输入到 demand. in 文档中。

3. allow 文件转换规则设置。在转移矩阵中，某空间无法转变为另一空间时，相应的值被设定为 0；相反地，在允许某空间转变为另一空间时则设定为 1（见表 8 - 3）。根据实际情况，建设用地转换为其他用地的成本较高，且随着城市发展，这一现象将更加突出。

表 8 - 3　　　　　　　　　　CLUE-s 模型转换规则矩阵

国土空间类型	农业生产空间	陆地生态空间	水域生态空间	城镇生活空间	农村生活空间
农业生产空间	1	1	1	1	1
陆地生态空间	1	1	1	1	1
水域生态空间	1	1	1	1	1
城镇生活空间	0	0	0	1	0
农村生活空间	1	1	1	1	1

4. alloc1 回归方程参数文件设置。在 SPSS 或其他数据统计分析软件中，使用逐步回归方法从众多驱动因子中筛选出与某一类空间相关性较为显著的因子，剔除解释力不强的变量，然后对每种空间回归方程的拟合度进行 ROC 曲线检验，判断驱动因子对于相应空间土地利用分布格局的概率。在 alloc1 文档中，第一行是土地利用类型编码，第二行是该空间回归方程的常量，第三行是与该空间分布有显著相关性的驱动因子个数，第四行是该回归方程的解释因子系数和驱动因子编码。第四行及以下按空间顺序重复上述步骤。

5. main. 1 文件设置。main. 1 文件是模型的主要参数文件。此次模拟共将国土空间划分为 5 个类型，共选用 12 个驱动因子，栅格图采用 100 米空间分辨率精度，像元面积为 1 公顷。根据研究区具体情况进行设置（见表 8 - 4）。

表 8 - 4　　　　　　　　　　main. 1 文件参数设置

行数	设置内容	数据格式	数据内容
1	土地利用类型数	整型	5
2	区域数	整型	1
3	单个回归方程中驱动力变量的最大个数	整型	10

行数	设置内容	数据格式	数据内容
4	总驱动力个数	整型	12
5	行数	整型	525
6	列数	整型	650
7	栅格面积（公顷）	浮点型	1
8	X 坐标	浮点型	35446740.1582
9	Y 坐标	浮点型	3272397.7740026
10	土地利用类型编码	整型	0、1、2、3、4
11	ELAS 土地利用转移弹性系数	浮点型	0.35、0.25、0.2、0.9、0.5
12	迭代变量系数	浮点型	0、0.30、1
13	模拟的起始年份	整型	2010、2020
14	动态变化解释因子的数字和编码	整型	0
15	输出文件选择	0、1 或 2 选 1	1
16	特定区域回归选择	0、1 或 2 选 1	0

四、资中县2035年国土空间格局模拟

（一）国土空间规模预测

Markov 模型具有稳定性和无后效性，其中，该模型的稳定性是指模型的运行和进程在较长一段时间内会趋于稳定；无后效性则是指某一个系统在不断发展的进程中，$T+1$ 时刻该系统所处的状态只与 T 时刻该系统所处的状态有关，与 T 时刻之前的状态无关。通过 Markov Chain 和 Markov 模型可以计算出土地利用转变时各空间相互转化的概率矩阵，能够以量化的形式表现土地利用变化时各空间的流向。土地利用变化的过程同时具备稳定性和无后效性，在本研究中用于预测远期国土空间类型变化量。

根据本书对国土空间的定义，将用各种地类划分为五类空间：农业生产空间、陆地生态空间、水域生态空间、城镇生活空间、农村生活空间。

在 ArcGIS 10.2 平台中，对于加载资中县 2010 年、2020 年两期土地利用数据，利用软件叠加分析与统计分析等工具，分别计算出资中县 2010～2020 年国土空间变化矩阵（见表 8-5）、国土空间变化概率矩阵（见表 8-6）。

表8-5　　　　　　　　资中县2010～2020年国土空间变化矩阵

2010年	2020年						
	农业生产空间	陆地生态空间	水域生态空间	城镇生活空间	农村生活空间	总计	转出
农业生产空间	1529.72	19.83	6.51	2.92	4.11	1563.09	33.38
陆地生态空间	19.26	93.07	0.52	0.16	0.14	113.15	20.08
水域生态空间	6.42	0.53	24.37	0.28	0.24	31.84	7.47
城镇生活空间	0.52	0.08	0.18	6.30	0.04	7.11	0.81
农村生活空间	2.47	0.14	0.08	0.08	11.28	14.05	2.77
总计	1558.38	113.66	31.67	9.74	15.81	1729.25	64.52
转入	28.66	20.59	7.30	3.44	4.53	64.52	Km²

表8-6　　　　　　　　资中县2010～2020年国土空间变化概率矩阵

2010～2020年转移概率	农业生产空间	陆地生态空间	水域生态空间	城镇生活空间	农村生活空间
农业生产空间	0.9786	0.0127	0.0042	0.0019	0.0026
陆地生态空间	0.1702	0.8225	0.0046	0.0014	0.0012
水域生态空间	0.2015	0.0167	0.7653	0.0088	0.0076
城镇生活空间	0.0728	0.0113	0.0252	0.8856	0.0052
农村生活空间	0.1755	0.0101	0.0060	0.0056	0.8028

在自然发展情景下，假设资中县的国土空间格局变化趋势没有发生改变，仍然按照2010～2020年的国土空间转移概率进行变化，城镇生活空间的发展不会受到政策性和规划性约束。运用 Markov 模型预测2035年资中县国土空间各个类型的需求（见表8-7），将各类调整后的驱动因子和限制因子输入模型预测2035年自然情景发展国土空间布局。

表8-7　　　　　　资中县2035年国土空间规模预测　　　　　单位：平方千米

年份	农业生产空间	陆地生态空间	水域生态空间	城镇生活空间	农村生活空间
2020	1558.38	113.66	31.67	9.74	15.81
2030	1554.31	114.06	31.59	12.06	17.22
2035	1552.56	114.22	31.59	13.09	17.79

（二）情景模拟分析

1. 面积分析。在自然发展情景下，资中县内各国土空间类型按照 2010 ~ 2020 年趋势发生转移变化，同时，受到资中县内生态红线区域和土规禁止建设区域的限制，在这一部分中的空间类型无法发生变化。变化量较大的国土空间类型分别是农业生产空间和城镇生活空间。农业生产空间面积减少并转变为其他空间，面积由 2020 年的 1558.38 平方千米下降至 2035 年的 1553.01 平方千米，总共减少 5.82 平方千米；城镇生活空间由 2020 年的 9.74 平方千米增长到 2035 年的 13.09 平方千米，增长量为 3.35 平方千米，增长率达 34.39%；农村生活空间由 2020 年的 15.81 平方千米增长到 2035 年的 17.80 平方千米，增长量为 1.99 平方千米，增长率为 12.52%。

2. 布局分析。将不同发展情景下的模拟布局图转换为矢量数据，与 2020 年国土空间格局叠加分析。总体来看，资中县西北部的球溪镇、资中县南部的宋家镇和资中县东部的银山镇现状农村生活空间已较为集中，经过新一轮发展后在两种模拟结果中都呈现出了更好的集中趋势，可以作为新的功能区疏解中心城镇压力。农业生产空间作为现状国土空间中面积最大的类型，在自然发展情景下减少，且不具备明显的聚集性。水域生态空间少量减少。城镇生活空间有一定幅度的增长，增长量主要集中在现状建成区，增长方向为向南增长。其他乡镇中，县域南部的宋家镇、西部的铁佛镇、西北部的球溪镇城镇生活空间增长同样较为明显，并与相邻的农村生活空间有集中连片的趋势。

3. 问题分析。现状建成区所在的水南镇与重龙镇用地压力指数分别为 2.238652、0.269487，建设用地承载状态为超载。自然发展情境下，城镇生活空间继续扩张，农村生活空间面积继续增大，生活空间总面积达 33.61 平方千米，相比 2020 年增长 5.34 平方千米，两镇用地压力指数分别为 2.845417、0.3745612，建设用地超载状态更加突出。

根据资中县人口统计数据，2010 年常住人口 122.90 万人，城镇人口和农村人口分别为 38.13 万人、81.44 万人。至 2019 年末，资中县常住人口数为 115.4 万人，城镇镇人口和农村人口分别为 47 万人、68.4 万人，城镇化率由 31.02% 提升至 40.8%。按现有趋势，截至 2035 年，资中县城镇化率可达 55.47%，农村常住人口将下降至 49.5 万人左右。在自然发展情境下，随着农村人口减少和农村生活空间继续增长 12.52%，农村空心化问题更加严重。

根据资中县经济统计数据，资中县 2010 年三次产业结构比为 26.5∶48.2∶25.3，2021 年三次产业结构比为 28.7∶28.5∶42.8，第二产业产值经历了上涨到回落的过程，从 2010 年的 66.25 亿元增长至 2014 年的 116.73 亿元，再回落至 2021 年的 87.10 亿元。同时，土地市场的不确定性因素、常住人口的持续减少、减税降费的持续影响导致资中县第三产业增速不稳定。多方因素综合影响下，该县存在产业结构不优、财政支撑乏力的问题。因此，县域经济过分依赖房地产开发，持续高速扩张城镇建设用地的发展方式难以为继。

国家粮食安全战略要求各地贯彻"藏粮于地""藏粮于技"，要坚决遏制耕地"非农化"，防止"非粮化"，保障耕地数量红线，保障粮食供给安全。资中县在"十四五"规划中提出要加强生态示范标杆县和长江上游生态廊道建设，开展森林质量精准提升工程，巩固提升现代林业重点县建设成果。在自然发展情境下，生产空间、生态空间持续减少和转出，不利于实现保障粮食生产和保护生态安全的目标。

在现状土地承载力评价中，水资源短缺是各乡镇指标超载的重要影响因素。根据资源环境承载能力、产业发展基础构建梯次鲜明、功能协调、多重互补、城乡融合发展的城镇体系；深入推进城乡融合、新村建设；加强城乡水源保护，满足不同发展阶段、不同发展地区的用水需求等都是研究区的下一步发展方向。

因此，为实现国土空间的优化布局，在原有的生态红线和原土地利用总体规划规定的禁止建设区的基础上，引入土地承载力评价结果，对国土空间格局预测做数量和空间上的约束，从而实现国土空间资源的优化配置和社会经济的可持续发展。

五、基于土地承载力的模拟及结果分析

（一）综合发展情景

在自然发展情境下，资中县未来发展将面临建设用地承载能力超载状态加剧、农村空心化问题更加严重、粮食生产安全和生态安全受威胁的问题。鉴于此，资中县不适宜继续保持城镇生活空间和农村居民点的高速扩张。针对自然情景的不足，以研究区土地承载力评价结果对未来资中县城镇生活空间和农村生活空间的预测做数量上和空间上的限制。在数量上，将其他国土

空间类型向城镇生活空间和农村生活空间转移的概率降低 40%；在空间上，将土地承载力评价中的超载区域的农业生产空间和水域生态空间设置为模型的限制区域。在此种情景下的国土空间需求见表 8 - 8。

表 8 - 8　　　　　　2035 年综合发展情景国土空间需求预测表　　　　单位：像元

国土空间类型	农业生产空间	陆地生态空间	水域生态空间	城镇生活空间	农村生活空间
2020 年实际数量	155838	11366	3167	974	1581
2035 年预测数量	155413	11631	3304	1111	1465
2035 年模拟数量	155421	11624	3303	1111	1465

（二）结果分析

从数量上看，农业生产空间、陆地生态空间、水域生态空间、城镇生活空间、农村生活空间面积分别为 1554.21 平方千米、115.64 平方千米、33.03 平方千米、11.11 平方千米、14.65 平方千米。变化量较大的空间类型为农业生产空间和陆地生态空间。农业生产空间减少的面积降低至 4.17 平方千米，陆地生态空间面积由 2020 年的 113.66 平方千米增长至 2035 年的 116.24 平方千米。城镇生活空间面积增长 1.37 平方千米，增长率为 14.06%；农村生活空间面积下降 1.16 平方千米。

从空间上看，相较于自然增长情景，综合发展情景下的陆地生态空间增长更为明显，增长量主要集中在资中县西南部的生态红线保护区和西北部的球溪镇。在综合发展情境下，水域生态空间呈现出增长趋势，且增长幅度较大，与城镇生活空间增长量基本持平，增长位置主要分布于银山镇的沱江沿岸。与自然发展情景下较大幅度的增长相比，综合发展情境下城镇生活空间增量有所减少，增长方向为向南扩张。

在综合发展情境下，降低城镇空间的增长率、将超载区域农业生产空间与水域生态空间设置为限制区域，这一举措限制了城镇生活空间的无序扩张，水南镇与重龙镇的用地压力指数分别为 2.301425、0.267712，与现状用地压力指数基本持平，低于自然发展情景，说明该模式可以延缓建设用地承载状态超载的继续恶化。农村生活空间面积减少，城镇生活空间面积增长到 11.11 平方千米，以容积率 3.0 和现有人口变化趋势计算，到 2035 年人均城镇生活空间面积为 59 平方米，说明该模式在满足城镇发展的需求上还可以解决部分农村空心化问题。农业生产空间的减少量更低，陆地生态空间和水域生态空间均有所增长，说明该模式在一定程度上阻止了生产空间和生态空间被过度侵占，粮食生产安全和生态安全更有保障。

综上所述，基于土地承载力评价结果的综合发展模式不仅能够保证城乡建设对国土空间面积增长的需求，更能体现出其对其他空间类型的保护，符合当前我国对于保护生态环境、减少耕地流失、实现可持续性发展的目标，表明综合发展模式是更加合理的一种国土空间布局模式。

六、国土空间布局优化建议

为更好地对国土空间进行优化配置，实现国土空间综合效益最大化。本书基于综合发展情景，针对资中县国土空间现状存在的问题提出相应建议，以期实现国土空间资源的可持续利用。

1. 整合生产空间，提高综合价值。资中县现有农业生产空间面积大、分布广，但是部分耕地存在形态破碎，位置分布不合理等情况。下一步应该调整现有不合理的农业生产空间，在顺应生产空间减少的趋势下、在严格保护基本农田的基础上优化农业生产空间格局。针对零散破碎耕地开展土地整治工程，打造集中连片土地；有序清退林地内距居民点较远的耕地。

结合乡村振兴战略，加速升级产业结构，在利用传统优势项目的基础上着力升级服务业和高新技术产业，打造规模化养殖单元和养殖示范区，推动农业向现代化、产业化发展。依托当地特色血农产品，如血橙、黑猪、鲶鱼，推动产品标准化生产，着力打造产业集群，延长农产品产业加工链，深入开发精加工产品，完善品质管控方式和农产品疫病防控体系，逐步构建较为完善的产业结构体制，保证生产空间的协调稳定发展。

2. 兼顾生态空间的保护和开发。严守生态红线底线，合理扩充生态空间规模，推动生态空间与生产、生活空间的协调稳步发展。

发展生态循环经济，构建资源绿色利用模式，提高生态产品和生态服务的供给能力，对于研究区内白云山等生态保育区的生态产品探索市场价值实现机制，适度扩大区域内自然资源使用权的出让、转让等经济权能，最终实现绿色金融和构建绿色生态产业体系。

3. 完善生活空间，提高土地利用效率。通过对比分析多期土地利用数据和当地卫星遥感影像之间的差异可以发现，资中县在城市发展过程中，建设用地扩张模式主要为以现状建成区为中心向南北两个方向辐射的形式，在扩张过程中存在空心地带，使得土地之间的功能结构发生断裂。因此，针对城镇生活空间，在满足增长和扩张的情况下要挖掘城市存量土地，实现土地集约利用。

针对农村生活空间，部分乡镇建设用地已达到一定规模，且具备较为完善的交通道路及各类基础设施，具备继续向周边扩张的潜力，如东部的银山镇、南部的宋家镇、西北部的球溪镇。这些乡镇应该及时调整规划，积极响应国家关于就地城镇化的号召，整合聚集分散的建设用地，降低各乡镇的破碎化程度。同时，应该依托乡村振兴政策优势，发展特色优势产业；加强耕地保护和土地综合整治，积极实行土地增加挂钩工程，针对布局不适宜的建设用地进行有组织的搬迁和复垦，加快土地流转，实现在降低农村生活空间面积的同时促进土地利用结构的优化和提高土地利用效率。

第九章

基于要素整合的国土综合整治模式

第一节 从传统土地整治到国土综合整治

一、传统土地整治项目规划的不足

一段时间内，国内通常把土地整治的重点作为实施具体工程，对低效、空闲、不合理的土地利用方式进行探讨和研究。不少学者认为城乡土地综合治理是对人地关系的调节，原有的土地整治忽略了这一点，而过分强调土地利用率和产出率，造成土地整治定位模糊，整治效果不理想（刘彦随，2011）。长时间内针对土地整治项目的整体定位、目标模式和实施路径主要围绕工程开展，就"工程"论"工程"，这种"偏向"导致在大量的整治规划和实施中表现出整治项目的工具化、功利性等问题，从而影响了土地整治的整体效率和效益。

1. 整体定位偏低。对于大多数的土地整治而言，其定位仅关注土地本身，在调整人地关系方面有所欠缺。"就土地谈土地"，缺少战略眼光。2018年以来，虽然不少学者也有针对土地整治助力推进精准扶贫开展研究，强调土地整治在耕地保护和新农村建设中的作用，探讨土地整治在改善生活和生态环境质量方面的作用，这也导致大部分的土地整治工程整体定位和功能被低估。

2. 整治目标单一。大多数土地整治表现出综合性整治目标欠缺，过于重视农用地整治。围绕耕地提质增量工作而忽略了"山水路林村"的综合治理。"山水林田湖草"作为生命共同体，需要进行长期、系统的保护和治理，短期工程很难看到效果。尤其在我国大量的贫困山区，生产、生活和生态的"三生空间"问题颇多，如空间布局混乱、土地利用失序、资源浪费严重、管理效率低下等，亟须拓展土地整治的核心对象与目标，改善"三生空间"布局。

3. 整治模式趋于同化。在土地整治的过程中，很多整治项目片面追求整治后的效果设计，不重视自然生态原则，导致田间土地硬化严重，对农业生产造成影响。农田整治中，用泥沙、混凝土等填充田间道路、沟渠，对生态环境造成破坏。部分土地整治工程在实施之前缺少科学、适宜的规划，套用标准模板，对当地有价值的景观风貌和建筑设施未进行分类整理和保护，造成不可逆转的损失。一些极具特色的乡土文化和风土人情未能保存下来，对文化传承造成影响。

4. 协调统筹有限。当前各地土地整治主要由各级自然资源具体部门负责，整治的对象瞄准整治项目具体内容，局限在田块调整、沟渠硬化、田间道路硬化等内容。仅仅由自然资源部门负责，导致了项目规划缺乏全域化、综合化、系统化的前瞻；由于缺乏自然资源、农林、水利等多部门的配合、协调、统筹，部门之间各自为政、自扫门前雪，难以实现高效运转。项目资金分散投入和交叉使用要求部门之间存在时间和功能上的配合，而部门的分裂对项目推进造成一定的影响。

二、国土综合整治发展的必然性

传统的土地整理主要通过各项整理工程为农业生产提供必要的基础设施、道路和灌溉等，主要目的是实现高效农业发展。以农用地整理为例，将细碎、零散地块进行整合，以此来提高农田质量，增加农田面积，提高农民耕作效率。农用地整理措施包括土地平整、灌溉与排水、田间道路、农田防护与生态环境保持等配套工程（刘彦随等，2002）。土地整理是一项包含多个学科内容的复杂系统，具有较强的实用性，对农业生产具有重要意义。土地整理包含了自然科学、社会经济、工程建设等多项领域，能够有效提升农业生产效率，优化土地布局，促进乡村振兴和产业升级。

土地整理是农业发展、农村产业升级和推动乡村振兴的重要手段之一。通过土地整理，对农田水利、道路等基础设施进行建设完善，提高农业生产机械化水平，增强农业生产效率。通过降低田埂系数来增加土地种植面积，使分散土地连接成片，促进农业集约化。根据区域土地资源状况，发展与资源禀赋相协调的特色农业，提高农产品的市场率。对村庄低效、闲置建设用地进行规划利用，合理布局乡村建筑及产业，提升乡村生活品质。推动乡村产业升级和产业融合，降低生产建设对生态环境的破坏，打造宜人宜居的新型乡村（杨敏等，2016）。通过农用地整理进行高标准农田建设和完善农业配套设施，能提升农业生产的现代化水平、实现农业生产机械化和集约化、提高生产效率（陈贞中，1992；廖和平等，2005）。再者，开展土地整理工程项目需要投入大量的资金、人力、物力，能够带动当地经济发展，创造一部分就业机会，吸纳乡村剩余劳动力（郧文聚等，2011）。20 世纪 80 年代后期，人们逐渐认识到农村空间不只是用于农业生产这个单独的目的，更重要的是农村的可持续发展。农村发展包括环境保护、自然保护、乡村更新以及其他影响农村居民生活、生产的农村工作条件等。这个概念的延伸导致土地整理转向具有多目标的国土整合整治实践发展（龙花楼，2013；龙花楼，2015）。

党的十九大提出构建国土空间开发保护制度的举措，通过优化国土空间结构、合理布置"三生空间"，推动国土空间开发利用更具有科学性和合理性。在此背景下，土地整理的内涵被进一步拓展，与原有的概念相比，其更注重生态保护以及协调人与自然之间的关系。国土综合整治中以统筹多因素协调发展为重点，兼顾生态保护、农业生产、经济建设等多重治理目标，注重全域整治、全要素整治和全周期整治，具备系统性、战略性与综合性，是推动生态治理、农业现代化和城乡融合的重要举措。进行"山水林田湖草"综合治理，改善乡村生活水平，提升乡村人居品质，构建宜农、宜业、宜居的乡村生活。国土空间整治是实现乡村一二三产业融合发展以及推动乡村振兴的重要手段。

三、构建基于要素整合的土地整治规划模式

我国山区小农经济长期低效徘徊，资本、技术、营销渠道乃至市场经验等现代农业生产要素都极度缺乏，山区耕地地块破碎、经营分散、机械化率低、基础设施配套差、劳动力不足等问题对区域农业发展、粮食安全的不利影响愈加明显；山区农村建设用地闲置、废弃、利用低效，城乡建设用地统筹困难。而资本深化、技术进步、产业化经营、以市场需求引导

农业结构调整等改造举措，是传统农业向现代农业转型发展的有效手段，也是促进山区经济增长和可持续发展的关键。目前的症结是如何实现现代生产要素和经营方式顺畅输入贫困地区，以提高资源配置效率，推动农业转型升级。

现代农业与传统农业的结合需要找到合理的空间与平台形成资源整合的互补模式和有效途径。将资金、技术、经营理念等生产要素，与土地、劳动力等进行有效结合，推动农业现代化发展。各类资源的有机融合和再造在农业发展空间拓展、农业结构转型与升级，农业生产成本降低等方面潜力空间巨大。然而，我们不得不承认，农业发展中现代生产要素作用的发挥必然依附土地资源，土地资源的有效整合是农业适度规模发展的核心和基础问题。本部分拟从土地资源、人力资源、农业产业资源、乡村生态景观资源四个方面研究如何整合相关要素资源，构建适合山区的土地整治模式。

助力山区经济增长，土地整理的基本方向必须由单一化向综合化、多元化转化，也就是土地整理的基本方向要向农田质量提升，农业产能提高，农业产业化发展，生活、生态环境改善，劳动力资源分流与整合等多目标转变。在开展土地整理规划设计之前，首先探析土地整治对乡村资源和产业优化配置的路径和方式，分析并判断各项资源和产业的融合作用。其次，基于乡村的"三生空间"结构划分，确定土地整治目标、对象和内容，目标要与"三生空间"结构匹配，从生产、生活、生态合理空间划分的视角，对标分析土地整治目标，建立起基于农村要素资源整合的土地整治规划范式，为山区农村土地整治途径提供导向。

1. 土地资源整合。土地整治主要从以下五个方面对农村山区土地资源进行利用和整合：一是增加耕地面积。耕地面积增加主要来源于对田土坎面积的压缩，主要手段有降缓田面坡度，归并零星、不规则田块，削减多余田土埂，这些举措不仅不会对生产带来影响，还能通过增加耕地净面积实现净耕地系数提高。二是完善农田基础设施。通过完善田间道路、农田水利等基础配套设施，提升农业生产效率，提高农业现代化，增强产出效率。三是调整地块权属，合理调整农村土地结构，优化资源配置，推动农村现代化生产建设。四是整治农村建设用地，对废弃宅基地、低效用地进行复垦建设，可有效减少耕地非农建设规模。五是开发宜农未利用地，适度开发后备土地资源，提高土地利用效率。

2. 产业要素资源整合。整合农业产业要素，开展农业产业化经营，是帮助贫困山区发展农村经济和实现农业现代化的必选之路。正是通过土地整治解决了土地流转和适度规模经营前期对农业生产环境和基础设施的要求，实现农业产业化发展是促进农村综合发展的重要动力和手段，同时也是实现脱贫可持续发展的重要途径。通过农村土地整治，改善农田基础设施条件，土地流转成为可能，有利于打造集约型、可循环、生产高效的农业产业体系，促进农村农业现代化变革。

3. 劳动力资源整合。开展技术培训、提高农村劳动者的综合素养和技术水平、引导劳动者积极寻找工作、增加就业收入，以促进山区农村经济发展，改善人民生活水平。通过土地整治工程可以创造就业机会、带动村民就业、整合农村剩余劳动力进行工程建设和维护管理、直接提高农民收入；土地整治有效改善了当地农业生产环境，集中连片的耕作田块、便捷高效的田间道路、旱涝有保的排灌设施等不仅提升了农业综合生产能力，也在一定程度上提高了劳动效率，节约了劳动时间和劳动力。农业生产环境改善也为土地流转和集约化生产创造了条件。而农业技术水平和技术效率的提升，不仅创造了新的农业雇工就业机会，也为农业释放更多的劳动力提供了空间。

4. 生态景观资源整合。山区农村生态系统及其服务功能退化严重，生态环境保护与经济社会发展之间的矛盾日益突出。土地整治中对农村景观格局进行合理规划布局，需要做到环境保护和生产建设相结合，既要确保农业生产能够满足经济发展的需求，又要改善乡村环境质量，打造特色的乡村风貌。土地整治通过工程建设能够重塑农村生态景观格局，通过在整治中对"山水林田湖草"进行规划设计和布局调整，促进各要素之间相互协调、合理布局，从而提高农村生态系统的景观性。土地整治应以不破坏当地的生态环境和乡土风貌为前提，基于农业生产和生活，打造具有地方特色的景观风貌，提升乡村景色的观赏性。加强建设生态网络系统，结合现代技术，构建以绿色生态基础设施为骨架的生态大环境、提高生态环境质量和生态景观多样性。如以有效的生物工程措施替代传统的硬化工程措施，因势利导，合理规划和布局田块，调整整治区土地利用结构和土地覆盖状况，改善农业现代化生产和提升机械化水平，提高景观功能的生动性和灵活性，增强观赏性，维护农村生态系统平稳运行。同时，在土地整治规划中引入景观生态论，通过改变区域景观类斑块、廊道和基质的形状、大小、数量，有效促进生态景观重建，建设区域土地生态景观安全格局。

第二节　基于要素整合的国土综合
整治规划模式与途径

一、基于要素整合的国土综合整治规划模式

从土地资源、人力资源、产业资源、生态景观资源利用四个方面研究如何整合相关要素资源，构建适合山区的国土综合整治规划模式。通过充分发挥国土整理在乡村生产、生活和生态空间重构中的作用，通过"三生空间"的科学划分，结合土地整理"三大工程"，建立现代农业生产要素与传统农业生产要素结合的资源与空间基础。结合土地整理工程的实施，带动现代生产要素与土地、劳动力等传统生产要素之间的结合，促进农业机械化和集约化生产，提高生产效率，降低劳动力成本，增强农产品核心竞争力，从而形成资源整合的互补型模式和有效途径（见图9-1）。

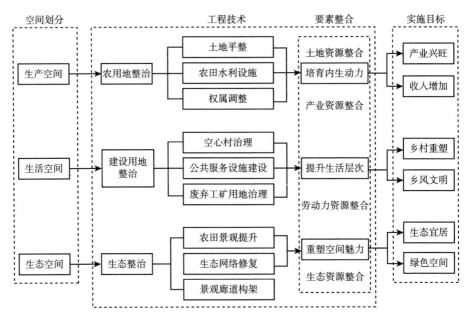

图9-1　基于要素整合的土地整理规划设计框架

二、空间格局为基础、产业发展为导向

国土综合整治规划设计要摒弃传统规划设计思路，从村域自然、经济、社会、产业、交通、生态等全面开展规划设计基础调研，在"多规合一"和空间规划背景下，以村镇城镇规划、土地利用总体规划等为基础蓝本，确定乡村生产、生活、生态空间格局。科学的空间规划和产业发展调整不仅能够为规划设计提供有力支撑，也是切实改善农业生产条件及配套农业基础设施、重塑农村生态景观、发挥农村土地资产使用价值的前提和基础。因此，在开展具体土地整治规划前，先要对区域的基础条件进行全面调研，包括社会经济条件、自然地理条件、区域规划定位、区域产业基础等，在此基础上开展"三生空间"划分。

产业是促进农村生产要素的有序集中与集聚的推动力，土地整理可以在短期内为乡村产业重塑与升级搭建新平台。在山区农用地整理规划中要优先考虑产业结构及其用地规划，结合乡村独特的农业资源特点、产业基础、区位条件及生态环境条件，促进农业生产的规模化、集约化、多功能化。结合生产、生活和生态空间布局。建设用地整理的实施通过完善农村居民点的基础设施体系、为改善生产与生活提供便利条件而实现，同时为农村产业用地发展预留空间（见图 9－2）。

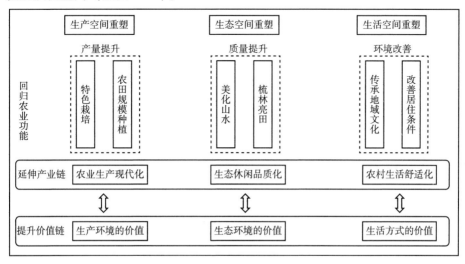

图 9－2　空间重塑内容体系

三、基于产业引导的综合整治工程标准

1. 以产业发展确定农田规划设计标准。以产业发展导向和特色优势产业发展方向作为田块和配套基础设施的要求，根据村域内各类农业产业参与者的种植规模及方向，依据土地、劳动力、资金、技术、机械等生产要素的投入和使用情况，针对耕地、园地、坑塘水面、田坎及道路、农田水利等不足方面开展土地整理规划，调整田块结构和布局，完善农田水利、道路、防护等基础设施，确定项目工程设计标准。农用地整理技术通过四大工程促进资源优势转变为产业优势，随着产业发展，提供新的农业就业机会直接促进了农民增收，并逐渐调整、整合农村劳动力资源配置（见图 9-3）。

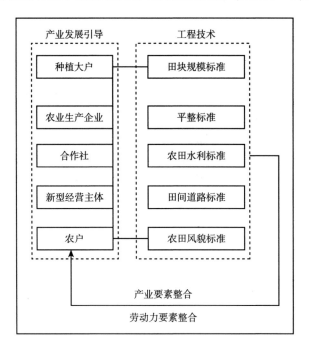

图 9-3 基于产业要素的农田规划设计

2. 以产业、人口变化引导建设用地整理。结合乡村生活空间划分和产业发展预期的人口变化情况，优先考虑农户搬迁复垦意愿，综合选取乡村闲置、废弃建设用地，根据复垦地块立地条件等因素，确定参与农村居民点复垦的宗地范围、宗地面积、复垦后利用类型，通过拆旧、复垦、田块

平整、排灌体系、田间道路等技术措施实施复垦。依据乡村区位条件和产业发展对人口集散作用，节余建设用地指标可用于城乡建设用地增减挂钩、公共管理与服务设施用地等的发展预留空间。对保留的居民点，在对乡土特色建筑风格予以保留的基础上，对农村建设风貌进行改造提升，同时注重新建筑与老旧建筑之间在风格上与颜色选取上相互适宜，营造绿色田园生活空间（见图9－4）。

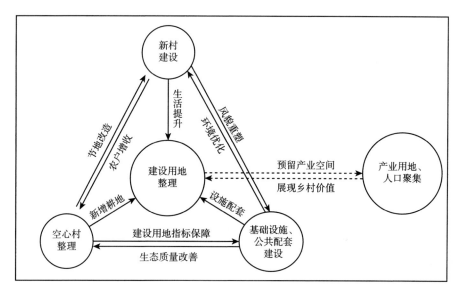

图9－4 建设用地整理内容

3. 基于价值提升的生态整理规划。生态整理规划主要是采取生态景观提升技术，主要是基于"斑块—廊道—基质"对研究区进行规划整理和布设，重建村域生态景观格局，提升生态景观服务功能。生态基质如农田、农村居民点等具有一定规模且空间连片的用地类型，生态斑块如林地、草地、水域等，生态廊道如道路、沟渠等线形要素。构建村域生态景观格局，根据乡村生态景观，建立以生态斑块作为生态保护核心区，以农村路网、水网等线形要素作为生态廊道网络，将过渡性斑块划作生态跳岛，对农村宅基地、耕地进行布局调整，协调景观风貌，增加景观的美学价值。进行生态网络规划，在农田生产区、生产防护区、农民居住区设置一定的区块或带状绿地景观，构建集生态、景观、游憩、风貌与文化于一体的绿色基础设施（见图9－5）。

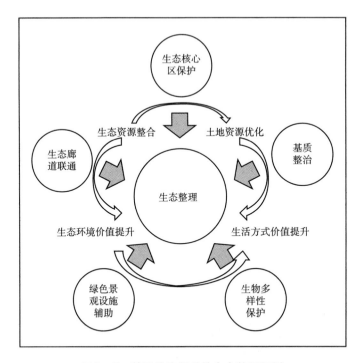

图 9 − 5 　基于价值提升的生态整理规划

第十章

"山水林田湖草" 综合整治

第一节 "山水林田湖草生命共同体"的科学认知、路径及制度体系保障

一、"山水林田湖草"综合整治概念

"山水林田湖草"综合整治理论的提出与国内社会经济人口发展矛、生态文明建设之间的矛盾密切相关，并顺应政府职能的转变。"山水林田湖草"综合整治的研究近年经历了基础探索期、快速发展期、多元繁荣期三个研究阶段，到目前该理论仍然在实践中不断细化，多数学者认为"山水林田湖草"综合整治主要通过传统的土地复垦等综合整治手段以及生态修复工程技术还原"山水林田湖草"等国土空间要素，这种要素修复工程为主，通过要素修复构建国土空间治理体系和提升国土空间治理能力。

二、理论发展

随着我国对生态保护越来越重视，学者们更加关注如何促进"山水林田湖草"生命共同体理念的落实。"山水林田湖草"综合整治研究集中在2014年以后，在土地综合整治中考虑生态修复理念与实施路径，学者们从不同角度论述了"山水林田湖草"的内涵。生态修复成为山水林田湖草研究的热点，学者提出了"山水林田湖草"生态保护修复的技术体系，包括生态保护、修复与恢复技术、生态建设技术、生态功能提升技术、生态服务优化技

术与监督管理技术等。同时，针对一些重点地区、敏感地区，基于"山水林田湖草生命共同体"理念，以整体保护、系统修复、分区施策、突出问题导向为总体思路，设计并实施了一系列生态修复工程方案。另外，在体制机制方面，基于"山水林田湖草生命共同体"理念讨论了行政管理与产权管理、法律产权与经济产权、多部门管理与统筹管理的关系并提出了改革建议。

三、"山水林田湖草"综合整治的特征

（一）空间性

"山水林田湖草"综合整治的典型属性就是空间性，表现在国土空间上呈现出不同的空间性，即数量、质量、组分等方面均具有空间差异性。空间性决定了自然资源在提供生态系统服务和生态产品的品质方面的多样性和差异性。

（二）系统性

"山水林田湖草"综合整治的另一特性就是系统性，各类国土空间要素作为相互作用、相互依赖、相互制约的自然有机整体，在一定区域国土空间上为人类提供生态系统服务和生态产品。"山水林田湖草"综合整治需要将所有自然资源看作是一个有机系统，统筹考虑各类要素相互作用、相互依赖、相互制约的特性，提高自然生态空间的系统服务功能和水平。

（三）交互性

"山水林田湖草"系统及每个子系统都是一个开放系统，生命共同体内部子系统之间以及生命共同体与外部都存在着能量、物质、信息的交互耦合。"山水林田湖草"内部与外部交互构成一个具有一定强度和自适应性的稳态链。完整的综合整治具有一定抵抗外部扰动和破坏的能力以维持系统的稳定性。城镇空间、农业空间、生态空间的建设开发和资源利用加剧了"山水林田湖草"系统的风险。若正常的系统交互被阻断，便会影响生命共同体的交互性。

（四）动态性

"山水林田湖草"等子系统在时空尺度上是不断发展变化的，并且影响这些子系统内的各种因素在不断变化。因此，在交互耦合作用下，"山水林

田湖草"也处于不断的动态变化过程中,这意味着在对"山水林田湖草"进行综合整治时,仅一成不变是不可行的,需要因时、因地、因事调整保护和修复等实施策略,从而使其兼具动态性和多样性的特征。

四、实施路径

"山水林田湖草"综合整治的提出是对生态文明理论认知在实践层面的进一步深化,对于生态文明建设的实践具有重要现实意义。在生态文明语境下,应以"绿水青山就是金山银山"理念为指导,合理安排国土空间开发的时序,理顺国土空间运行秩序,强调"山水林田湖草"综合整治的全方位性、全地域性、全周期性的系统统筹治理,基于时空战略逻辑构建"山水林田湖草生命共同体"的实施路径。

(一)核心问题

"山水林田湖草"综合整治的核心问题是在国土空间时序、秩序运行中,人与其交互产生的冲突问题,也就是正确处理人与自然的关系问题。综合整治是一个有机的、复杂的系统,构建"山水林田湖草生命共同体"应该以系统观、整体观、生态观统筹推进,摈弃传统的割裂开发与管理的思维,重构时间维度的开发时序、空间维度的运行秩序,这样才能符合生态文明建设的内在要求与客观规律。建立国土空间生态屏障,需立足国土空间要素、格局、连通性、受损度及生态系统胁迫等,通过全局视角,参考本地生态系统,从生命共同体数量、质量、结构、系统服务功能及系统稳定性等方面诊断当地国土空间存在的关键生态问题与堵点,分析其成因,明确国土空间生态修复对象,聚焦"山水林田湖草生命共同体"结构性、现势性、时空性的核心问题。

(二)实施目标

"山水林田湖草"综合整治系统结构和功能稳定是"山水林田湖草生命共同体"健康的重要指标,"山水林田湖草"综合治理的目标是构建以生态平衡为核心的健康、稳定的自然生态系统。通过构建"山水林田湖草生命共同体"为中国高质量发展提供稳定的生态本底,以防过载生态保护源为基础,搭建支撑生产高效、生活富裕、生态优良、高质量发展的生态产品供给系统,维护各类国土空间要素完整的系统结构。

（三）时空策略

准确把握和认识"山水林田湖草"综合整治系统内部的共生关系，实施有序的时空策略安排。

1. 顶层设计。通过统筹兼顾、整体施策、多措并举来加强顶层设计，推进国土空间治理能力现代化、一体化以及"山水林田湖草"综合整治的系统治理。

2. 资金配置。综合整治项目一般所需的资金量较大，仅靠政府财政难以取得成效，需要引入社会资本进行多样化的资本配置，如通过政府政策引导、社会公众参与、市场导向运作，活化生态修复的模式，引入社会资本投资，减轻地方政府相关财政投入，实现共同治理的常态化、长效化。

3. 区域治理。"山水林田湖草"各类国土空间要素资源并不是完全分布在单个行政边界内，所以要打破传统行政边界内治理的思维，依据区域治理理论，通过构建多元主体，形成全域网络化治理，积极发挥社会参与的重要性，以多元弹性的统筹协调方式来解决生态问题。

4. 系统修复。必须以分类指导、科学施策、靶向治疗、精准修复的系统化修复理念来保障"山水林田湖草生命共同体"整体性构建。

5. 工程实施。山水工程实施要坚持自然恢复为主、人工修复为辅，注重科学修复、效益综合，同时要规范工程建设内容、修复流程、监测评估、工程管理的标准和程序，推动"山水林田湖草生命共同体"整体保护、系统修复、综合治理。

第二节　天府粮仓"山水林田湖草综合整治"案例分析

一、案例区概况

（一）地理位置与行政区划

都江堰市位于成都平原西北端的岷江出山口，以举世闻名的水利工程都江堰和中国道教发源地青城山而闻名。它也是世界文化遗产、世界自然遗产和世界灌溉工程遗产。该市东部相邻彭州市、郫都区、温江区，西北接汶川县，南与崇州市交界，距成都 48 千米。根据 2020 年《都江堰市统计年鉴》（都江堰市地方志编纂委员会，2020），2020 年，全市面积 1208 平方千米；辖幸福、灌口、奎光塔、银杏、蒲阳、玉堂 6 个街道办事处，聚源、天马、龙池、青城山、石羊 5 个镇，1 个经济开发区。

（二）地质、地貌

都江堰市地跨川西龙门山地带和成都平原岷江冲积扇扇顶部位，属华夏构造体系，跨成都平原和龙门山区两个不同自然地理区，地貌单元属岷江冲积扇一级阶地。市境内地势西北高、东南低，高山、中山、低山、丘陵和平原呈阶梯状分布，素有"六山一水三分田"之说（陈春燕等，2013）。根据 2020 年《都江堰市统计年鉴》（都江堰市地方志编纂委员会，2020），都江堰市山地丘陵区占 65.79%，平坝面积占 34.21%。地势由高、中、低山至平原逐级降低，海拔 500~4500 米，相对高差 3900 米，市区平均海拔 720 米，海拔最低点为 592 米的沿江乡三滴水，最高点为 4582 米的虹口乡光光山。

（三）气候、水文

都江堰市属四川盆地中亚热带湿润季风气候区，雨量充沛，气候温和，四季分明。常年气温在 10~22℃，平均气温 15.2℃，年均无霜期 306 天（洪步庭等，2019），大气环境总均值良好。都江堰市境内河流均属岷江水系，市境内岷江正流全长 47 千米，可分为两段：都江堰渠首以上属于岷江上游，流经境内龙池镇等地，全长 17 千米；岷江经渠首分外江和内江，外江为正流，称金马河，经市境流入温江区、崇州市，全长 30 千米（孙道亮，2020）。通过引水闸，内江呈扇形进入市区，由仰天窝闸桥将内江由北向南分为蒲阳河、柏条河、走马河、江安河，流入新都区、郫都区、温江区，汇入金堂县的沱江和成都市的府河。地表水质居全省第一，地面水环境质量指标达国家三级，城市饮用水质达标率达 100%。

（四）土壤、生物植被条件

都江堰的土壤属于岩土型。由于平坝和丘陵地区受基质影响较大，山区受生物、气候和土壤基质影响较大，土壤的形成和分布与土壤母质基本一致。都江堰市土壤可分为黄壤类、黄棕壤类、草毡土、石灰（岩）土、紫色土类、新积土类和水稻土类。

都江堰市位于横断山北部，是全球生物多样性的重要区域，地质结构复杂，是四川盆地到青藏高原的过渡带，栖息着种类繁多的生物，是目前世界上亚热带山地动植物资源保存最完整的地区之一。都江堰市的动物资源较为复杂，有亚热带农田动物群和川西北山地野生动物群。动物资源有300余种，其中，主要野生动物资源有一类保护动物12余种；野禽有250余种，其中，画眉鸟和雉类是中国鸟类的一个分布中心（黄美菱，2018）。青城山—都江堰保护区内森林覆盖率达95%以上，植被覆盖率达98%以上。都江堰市属亚热带湿润常绿阔叶林区域，是川西平原植被和龙门山植被两大植物区系的交汇之处，拥有多个垂直气候带，生物种类繁多，拥有高等动植物14000余种，有川芎、杜仲、林麝和鹿等药用动植物1000余种，被誉为"生物基因库"；有大熊猫、金丝猴等国家级重点保护动物35余种，珙桐、银杏等珍稀濒危植物46余种，被中国科学院列为全国生物多样性"五大基地"之一。其中，第三纪元甚至更古老的原始科属和孑遗植物得以保存，如稀有国家保护植物一级1种（珙桐）、二级10种（连香、杜仲、银杏、红杉等）。苔藓种类密集度高，近200余种，为世界所独有。此外，还有许多珍贵、稀有、奇特、古老的树木，如青城山天师洞古银杏，树高34米，胸径2.2米。盛产黄柏、杜仲、厚朴、川芎，是世界药用植物的主要产地之一。花卉资源丰富，木本观赏花卉以山茶、杜鹃花等为主，其中，可供观赏的杜鹃花达427余种，是全国最大的杜鹃花培育基地。草本观赏花卉有菊花、兰花等（王宗宇，2016）。

二、山水林田湖保护现状

（一）土地利用现状

根据都江堰市2020年度国土变更调查数据统计，全市土地总面积120523.54公顷。其中，耕地面积9924.77公顷，占全市土地总面积的8.23%，各地类用地现状见表10-1。

表 10 – 1 都江堰市土地利用现状统计表

一类	二类	面积（公顷）	占全市土地比例（%）
耕地	水田	6930.38	5.75
	旱地	842.91	0.70
	水浇地	2151.48	1.79
	小计	9924.77	8.23
园地	茶园	106.17	0.09
	果园	3090.8	2.56
	其他园地	1242.92	1.03
	小计	4439.88	3.68
林地	灌木林地	804.65	0.67
	乔木林地	64430.95	53.46
	竹林地	537.31	0.45
	其他林地	13678.14	11.35
	小计	79451.06	65.92
草地	其他草地	823.4	0.68
	小计	823.4	0.68
水域及水利设施用地	河流水面	3260.1	2.70
	湖泊水面	20.24	0.02
	坑塘水面	271.12	0.22
	水库水面	889.81	0.74
	养殖坑塘	40.15	0.03
	水工建筑用地	96.41	0.08
	干渠	26.94	0.02
	内陆滩涂	55.36	0.05
	沟渠	1730.01	1.44
	小计	6390.14	5.30
交通运输用地	城镇村道路用地	751.34	0.62
	公路用地	1714.34	1.42
	交通服务场站用地	212.27	0.18
	农村道路	1155.26	0.96
	管道运输用地	0.18	0.00
	轨道交通用地	5.78	0.00
	铁路用地	112.4	0.09
	机场用地	4.87	0.00
	小计	3956.43	3.28

一类	二类	面积（公顷）	占全市土地比例（%）
其他用地	空闲地	32.39	0.03
	裸土地	183.34	0.15
	裸岩石砾地	3501.44	2.91
	设施农用地	169.67	0.14
	特殊用地	342.71	0.28
小计		4229.55	3.51
城镇村及工矿用地	工业用地	1195.67	0.99
	广场用地	15.34	0.01
	商业服务业设施用地	874.66	0.73
	机关团体新闻出版用地	98.99	0.08
	科教文卫用地	449.85	0.37
	高教用地	155.75	0.13
	采矿用地	186.47	0.15
	城镇住宅用地	3033.5	2.52
	农村宅基地	5645.27	4.68
	公园与绿地	151.71	0.13
	物流仓储用地	75.76	0.06
	公用设施用地	99.04	0.08
小计		11982	9.94
总计		120523.54	100.00

资料来源：根据 2020 年度国土变更调查数据成果统计。

（二）耕地保护现状

1. 耕地面积。根据都江堰市 2020 年度国土变更调查数据统计，全市耕地面积总计 9924.77 公顷，其中，水田面积 6930.38 公顷，占全市耕地总面积的 69.83%；水浇地面积 2151.48 公顷，占全市耕地总面积的 21.68%；旱地面积 842.91 公顷，占全市耕地总面积的 8.49%。

总体来看，全市水田占比较高，水田耕作条件好，有良好的灌溉设施、水源保证，适合种植水稻、蔬菜等作物，但部分水田和水浇地受市场需求和种植效益影响，主要种植苗木、花卉，存在一定的"非粮化""非农化"现象,需要持续开展种植业的调整和引导。

2. 耕地分布。耕地主要分布在东南部的天马镇、聚源镇、石羊镇和青城山镇。天马镇、聚源镇和石羊镇都位于都江堰精华灌区片区内,自流灌溉水系保存完整,耕地质量优良,耕地集中分布区域具有连片打造和开展现代农业发展的基础。青城山镇仅沿山地区有少量平原,耕地主要分布于青城前山附近,分布较零散,耕地质量相对精华灌区片区较低,需要通过提质改造有效提升耕地质量。

3. 耕地坡度。全市2°以下耕地面积8466.83公顷,占耕地的85.31%;2~6°耕地面积567.63公顷,占全市耕地的5.72%;6~15°耕地面积480.70公顷,占耕地的4.84%,15~25°耕地面积277.30公顷,占耕地的2.79%;25°以上耕地面积132.31公顷,仅占耕地的1.33%。从耕地坡度来看,绝大部分耕地地形起伏度小,坡度小于等于2°的耕地占比约85%,15°及以下的耕地占比约96%。整体耕作条件较好,有连片化、机械化耕作的基础。

4. 耕地质量等级。2020年,都江堰市土地变更调查数据中八等耕地占耕地的72.13%;九等耕地占比为12.07%,十等耕地占比为4.57%,十一等耕地占比为0.01%。全市耕地平均质量等别不高,部分耕地存在滞水潜育等障碍因素。都江堰市农作物每年成熟两次,是成都平原重要的水稻、小麦、玉米、油菜及蔬菜产区。当前存在平原地区农田基础设施配套不足,田间路、排灌、输配电、农田保护、生态环境保护等工程设施参差不齐等问题。2011~2020年,全市已经建成高标准农田5160.88公顷,占本区耕地面积比为51.86%。部分已建高标准农田因建设时间较长,存在老化损毁问题,改造提升、需求迫切。

(三)永久基本农田现状

1. 永久基本农田面积。根据都江堰市永久基本农田划定成果数据,全市永久基本农田面积22532.62公顷。根据都江堰市2020年度国土变更调查数据统计,全市耕地面积总计9924.77公顷,永久基本农田保护压力大。

2. 永久基本农田分布。都江堰市西北部地势高、西南地势低,永久基本农田主要分布在都江堰市东部的浦阳街道、天马镇和东南部的聚源镇、石羊镇以及南部的青城山镇部分区域。

（四）集中连片度

根据耕地图斑的面积、形状、连片面积等相关指标，对都江堰市现状耕地进行集中连片度评价，全市耕地高连片和中连片主要集中在东部的天马镇、聚源镇和青城山镇。其中，高连片耕地面积为3876.62公顷，占总耕地比例为39.06%；中连片耕地面积为602.43公顷，占总耕地比例为6.07%；低连片耕地面积为5445.72公顷，占总耕地比例为54.87%。评价结果表现出耕地集中连片度水平一般，有较大的提高潜力。

全市高连片耕地面积占比不到50%，耕地集中连片度水平一般，有较大的提高潜力。连片度高的耕地主要集中在天马镇、聚源镇，这两个乡镇在前期开展了多个农用地整理和高标准农田建设项目，并且开展了现代产业园区建设，例如天马镇德弘优质粮油种植产业园和精华灌区生态循环农业园等，对细碎耕地进行了相应的合并，耕地连片度得到快速提升。连片度较低的为石羊镇和玉堂街道。玉堂街道由于靠近中心城区，人口不断聚集，生产、生活发展需要更多的机会和空间，建设用地扩张现象明显，交通设施用地增加，占取耕地并加剧耕地破碎化，导致耕地连片度较低。在连片度较低的地区可以通过综合整治田间道路、闲散田块、废弃坑塘沟渠等提高耕地连片度。

（五）灾害防治水平

都江堰市为应对农业灾害，积极健全市农业防灾减灾体系，构建了气象灾害监测预警体系、智能病虫预警监测体系、应急预案体系，同时大力实施政策性农业保险，健全基层动物防疫制度，强化动物防疫监管队伍。全市农业防灾减灾体系基本成型，灾害防治体系完备，防治水平较高。

（六）农机化水平

历年来全市积极引进先进适用的现代农机装备，大力扶持在生产流程中的微喷滴灌灌溉、水肥一体化、园间管理机械、设施大棚等高效设施项目。推进农机与农艺、信息化融合，依托全市重要的农业产业园区，提高具有智能感知、智能导航、精准作业、远程控制等功能的智能农机使用。例如，胥家镇天府源国家级田园综合体绿色蔬菜示范园引进了一批融合互联网信息技术的农业新机具、新设施、新技术，运用多功能开沟机和自走式精良播种机进行春耕播种,使用智能化的田间管理系统,监测蔬菜的水分和土壤养分等指标数据,在探测到高温或缺水时使用自动降温和智能化浇灌,实现数据收集、监控设备与物联网连接等多种功能;胥家镇金胜社区的猕猴桃基地安装的智能化猕猴桃避雨大棚有效预防猕猴桃溃疡病的发病率,并能提升品质和产量和耕种收综合机械化率,促进农业产业提质、增效。

同时,都江堰市持续开展按年度持续开展农机购置补贴工作,推进农业机械报废更新补贴工作,促进农机装备结构优化和农业绿色生态发展;培育规模化、规范化管理、全流程机械化服务能力的农机合作社,完善农机经营社会化服务体系,提高农机合作社等服务组织数量和服务覆盖能力,使主要农作物综合机械化水平超90%。

(七)耕地生态现状

1. 土层厚度。都江堰市有效土层厚度范围为45~69厘米。其中,有效土层厚度小于60厘米的土壤占比为64.09%,有效土层厚度在60~100厘米间的土壤占比为35.91%。全市土层厚度集中在中等水平,具有较良好的耕作性能且可以基本满足作物根系被固定且能得到伸展的需求。

2. 耕层质地。都江堰市耕地土壤的质地主要由黏土、壤土、砂土构成,壤土占全市耕地面积的87.66%,砂土占全市耕地面积的10.54%,黏土占全市耕地面积的1.80%。壤土占比较大,耕层质地较好。壤土土壤结构良好,土质松细适中,透气透水性、保水性好,抗旱涝,抗逆性强,种植性广,适宜耕作期长,易培养出稳定高产的土壤,是种植一般蔬菜较为适宜的土壤。

3. 土壤pH值。都江堰市酸性(pH≤5.5)和弱碱性(7.5~8.5)土占全市耕地土壤的0.00%,弱酸性(5.5~6.5)土壤占全市耕地土壤的81.17%,中性(6.5~7.5)土壤占全市耕地土壤的18.83%,全市无碱性(pH≥8.5)。多数作物生长对pH的适应范围为中性,过酸或过碱都会导致土壤结构性变差,土壤水、气、热不协调,不利于耕作和植物生长。全市土壤pH值条件好,弱酸性(5.5~6.5)土壤占比高,酸性土壤中钴、锰、铁、铜和锌等微量元素离子有效性高;土壤pH值为中性时,大部分营养元素是有效的;当磷肥施用于酸性土壤时,可以与有机肥一起施用,以提高磷肥的肥效。

4. 有机质。都江堰市全市土壤有机质含量在19.5~42.7g/kg之间,其中有机质≥20g/kg 的土壤面积 9924.72 公顷；有机质 10~20g/kg 的土壤面积 0.08 公顷，全市无有机质 <10g/kg 的土壤。从乡镇来看，有机质 >20.0g/kg，全市 11 个乡镇均有分布；有机质处于 10.0~20.0g/kg 之间，仅有石羊镇。

5. 土壤生物多样性。土壤生物多样性是耕地健康的重要表征。土壤生物多样性在形成土壤肥力、恢复土壤质量、防治土地退化和土壤污染、调节温室气体、洁净空气和净化水源、控制疾病等方面发挥了重要作用。一般而言，耕地若具备合理或较高的土壤生物多样性水平，意味着其具备更高的生产、自净、缓冲、恢复等"自然力"。

全市土壤有机质含量高而生物多样性处于一般水平，受人为干扰、不合理利用等是耕地土壤生物多样性的主要威胁。土壤质地较好的田块多种植蔬菜、水果、花卉苗木等作物，但长期高强度、高频次的人为干扰会改变土壤生物多样性，尤其是单一化密集种植、过量施用化肥农药等"掠夺性"使用方式会明显降低土壤食物网结构的复杂性和稳定性，耕地生境会向有害方向变化，如降低土壤肥力易诱发特定病虫害等，不利于农作物的生长，应通过合理轮作等手段加以改善。

（八）耕地种植情况和农业产业发展情况

1. 耕地种植情况。根据 2020 年都江堰市统计年鉴数据，全年农作物播种面积 389333.33 公顷，比上年增长 2%。其中，粮食作物播种面积 14266.67 公顷，增长 3.4%；油料作物播种面积 11833.33 公顷，下降 0.8%；蔬菜作物播种面积 8260 公顷，增长 5.9%。全年粮食总产量 1048 万吨，比上年增长 3.5%；油料产量 2.82 万吨，增长 4.1%；蔬菜产量 26.99 万吨，增长 9.2%；肉类总产量 2.79 万吨，下降 12.7%；瓜果产量 0.58 万吨，增长 7.3%；茶叶产量 0.22 万吨，下降 9.7%。根据全市的种植播种面积统计，全市作物种植以粮食作物为主，但部分耕地长期种植花卉、苗木、草皮存在一定的"非粮化""非农化"现象，需要持续开展种植业的调整和引导。

2. 农业产业发展情况。近年来，都江堰市已逐步形成了以猕猴桃为主导产业，以蔬菜、粮油、茶叶、笋用竹、中药材、花卉苗木等为特色产业的现代农业产业体系。具体表现在：

（1）优势特色农业提质发展。根据 2020 年《都江堰市统计年鉴》数据，都江堰市现已建成猕猴桃种植基地 6666.67 公顷、常年蔬菜种植面积 6733.33

公顷、茶叶基地 2333.33 公顷、药材基地 11000 公顷、笋用竹基地 5600 公顷、优质粮油种植面积 20800 公顷、花卉苗木面积 6666.67 公顷。2020 年，都江堰市粮食产量 10.32 万吨，常年蔬菜产量 22.5 万吨，猕猴桃产量 3.62 万吨，干茶产量 2332 吨，笋用竹产量 1 万余吨。全年新建、改建猕猴桃、蔬菜、茶叶、葡萄、草莓等标准化、规模化、品牌化、景观化产业基地面积达 3000 余公顷。

（2）都市现代农业加速发展。2020 年，都江堰市现有新型农业经营主体 400 余家，其中，农业龙头企业 60 余家（省级 10 家、成都市级 15 家），"新三板"挂牌企业 1 家，"新三板"后备企业 4 家，川藏股权交易中心挂牌 2 家；企业年度销售收入 24.48 亿元，实现利润 1.5 亿元，其中，销售收入 2000 万元以上的 30 家，上亿元的 6 家，带户面达 40%；农民专业合作社 679 家（国家级 2 家、省级 22 家、成都市级 20 家），合作社年销售额达 2.58 亿元，入社社员 4.82 万人，联系带动农户 8.12 万余户，占总农户数 66.8%，家庭农场 147 家（其中省级 5 家、成都市 7 家），农业职业经理人 843 人（其中高级 13 人、中级 340 人）。

（3）农产品质量品牌加速提升。都江堰市共有通过 ISO9000、HACCP、GAP、GMP 等质量体系认证的企业 14 家，"国色天香牌食用油"等省名牌产品 3 件、"贡品道茶"等全国名特优新农产品 3 个，数十个农产品进入四川省和成都市地方名优产品推荐目录；"三品一标"认证登记产品 40 个，"都江堰猕猴桃""都江堰川芎""都江堰厚朴""都江堰茶叶""都江堰方竹笋" 5 个产品获得地理标志保护，"大青城"农业区域公用品牌运营中心已投入运营。

都江堰市农业产业初具规模，但仍存在政策支撑性不强，特色、品牌农业发展资金流入不足，农产品附加值仍有提升空间，农业生态环境保护不足，农产品营销渠道不完善等问题。

三、存在的问题

（一）土地供需矛盾突出，耕地占补平衡难度加剧

随着近年都江堰市产业快速发展、城镇化进程加快，大量的建设项目纷纷落地，耕地占用需求只增不减。全市耕地数量逐年降低，现状耕地为 9924.77 公顷。根据"三区三线"划定的城镇开发边界，开发边界内耕地面

积为918.13公顷（其中水田面积398.28公顷），规划期内都江堰市的耕地保护与保障发展的矛盾依然突出，坚守耕地红线与保障社会经济发展的压力依然存在，耕地占补平衡压力大。

（二）永久基本农田保护压力大、后备资源不足

根据2020年现状调查数据，全市原永久基本农田内稳定耕地为7120.00公顷，2020年度国土变更调查稳定耕地数量为9786.67公顷。按照稳定耕地90%划定为永久基本农田的要求，全市完成永久基本农田保护目标压力大。根据全市种植业结构数据分析，部分耕地存在非农化、非粮化现象，多种植苗木、花卉。由于经济收益和市场需要的差异，农户的恢复意愿不强、恢复难度大。耕地后备资源不足更加剧了永久基本农田保护的艰巨性。

（三）耕地分布不均、质量不优

全市的耕地主要集中在东南部的精华灌区，地势西北高、东南低，高山、中山、低山、丘陵和平原呈阶梯分布，西北部山地较多，耕地分布较少，都江堰市耕地集中分布于东南部平坝地区的中到高密度区。全市耕地现状质量等别不高，主要集中在8、9、10等，耕地质量提升迫在眉睫。

平坝地区灌排设施相对完善，但田间末级渠系建设标准较低，配套不完善。部分田块还不规整、面积较小，不利于农机具的使用，机械化水平偏低。由于亩均建设资金标准较低，投入不足，导致"十三五"之前及部分"十三五"期间建设的高标准农田，尤其是非核心区的农田，农业基础设施相对薄弱，灌排工程配套率、水资源利用率、机械化程度不高，与高质量发展高标准农田建设的要求相去甚远，需要对这些区域农田基础设施进一步提升。部分已建成高标准农田区域由于洪涝等自然灾害因素造成渠系、道路等损毁严重，修复成本较高，缺乏资金投入，也亟须实施高标准农田提升建设。

另外，由于区域内耕地大量使用化肥、农药，因此整体面源污染风险较高，规划期内应全面提升农业机械化水平，加大土壤改良和面源污染治理力度，有序推进高标准农田新增建设和改造提升。

（四）受种植利益驱动，耕地非粮化发展速度加快

由于种植小麦等农作物效益偏低，农业结构转型加快，当地农民纷纷种植经济作物，如川芎、花卉、苗木等。都江堰市部分区域发展花卉苗木、草

坪等产业，占用基本农田的现象比较突出，但目前缺乏有力的、具体的措施加以限制。种植花卉苗木、草坪破坏了耕地层，特别是种植草坪一年需要多次收获，逐次剥离了耕地表面的优质土壤，使得优质土壤不断流失和土地肥力降低。这类耕地在种植或养殖了一段时间后，恢复为耕地的拆迁和复耕成本高，也造成了部分耕地撂荒或闲置。因此，对耕地和永久基本农田的种植引导十分迫切。

（五）协调联动机制及长效监管机制不健全

耕地保护联管意识不强，各部门联管机制不健全，工作合力不强，耕地保护存在一定的漏洞，如可能致使部分群众将未经处理的生活污水用于农业灌溉，部分农用地废弃农膜、生活垃圾未能及时清理，使土壤污染的潜在风险增加。

四、国土综合整治分区

通过数据分析与实地调查相结合的方法开展都江堰市土地综合整治分区划分。结合地形、地貌、地质、水文、土壤、植被、生态敏感性、生态系统服务重要程度等自然因素，以及产业状况、风土人情等社会经济因素，开展多因子评价。依据都江堰市国土空间总体规划要求，结合现状土地利用特征、土地利用存在的问题以及未来土地综合整治策略，将全市划分为龙门山土地综合整治区、沿山土地综合整治区、城镇空间土地整治区、青城山土地整治区、青城山前土地综合整治区、精华灌区土地综合整治区六个综合整治分区。各区推进差异化、特征化和区域化土地综合整治策略（见表10-2）。

表10-2　　　　　　　　都江堰市土地综合整治分区

整治分区类型	整治区目标	整治内容	整治规模
龙门山土地综合整治区	生态环境质量逐步提高，促进生态旅游发展	红线区逐步调出永久基本农田；除必要的生态保护类、特殊建设用地外，原有建设用地不得改扩建，逐步腾退工矿、住宅和商服用地；腾退土地与裸地，开展植被恢复	低效园地、林地恢复涉及1个项目，涉及面积共215.15公顷

整治分区类型	整治区目标	整治内容	整治规模
沿山土地综合整治区	打造山区有机农业片区，提高猕猴桃、茶叶、笋用竹、中药材产量	协同推进农用地整理、高标准农田建设和农村建设用地整治，加强农田基础设施建设和耕地质量提升	1. 高标准农田建设涉及7个项目，涉及面积共1146.35公顷； 2. 垦造水田建设涉及1个项目，涉及面积共109.45公顷； 3. 农村建设用地整治涉及1个项目，涉及面积共10.08公顷； 4. 宜耕后备土地开发涉及1个项目，涉及面积共1.35公顷； 5. 可恢复耕地开发涉及1个项目，涉及面积共2.65公顷； 6. 低效园地、林地恢复涉及2个项目，涉及面积共386.88公顷
城镇空间土地整治区	实施有机更新，提升国土空间开发利用效率	低效工业仓储、低效商业区、老旧居住区、历史保护区更新	1. 农村建设用地整治涉及3个项目，涉及面积共1.23公顷； 2. 宜耕后备土地开发涉及3个项目，涉及面积共4.22公顷； 3. 可恢复耕地开发涉及1个项目，涉及面积共3.31公顷
青城山土地整治区	生态环境质量逐步提高，促进生态旅游发展	红线区逐步调出永久基本农田；除必要的生态保护类、特殊建设用地外，原有建设用地不得改扩建，逐步腾退工矿、住宅和商服用地；腾退土地与裸地，开展植被恢复	1. 高标准农田建设涉及1个项目，涉及面积共43.53公顷； 2. 农村建设用地整治涉及1个项目，涉及面积共8.68公顷； 3. 可恢复耕地开发涉及1个项目，涉及面积共32.95公顷
青城山前土地综合整治区	建设用地效率提升、促进农商文旅体融合发展	通过高标准农田建设和农村建设用地整治等工程项目，扩大区域耕地规模、提高耕地质量等级、创建美丽乡村、提升青城山产业功能区的整体功能性	1. 高标准农田涉及3个项目建设项目，涉及面积共489.23公顷； 2. 垦造水田建设项目涉及两个项目，涉及面积共186.65公顷； 3. 宜耕后备土地开发涉及1个项目，涉及面积共4.22公顷； 4. 农村建设用地整治涉及1个项目，涉及面积共2.75公顷； 5. 低效园地、林地恢复涉及两个项目，涉及面积共113.83公顷

整治分区类型	整治区目标	整治内容	整治规模
精华灌区土地综合整治区	打造平坝标准化农业片区，提高灌区蔬菜粮油、粮油、猕猴桃、蔬菜、中药材产量	永久基本农田保护、高标准农田建设、农村建设用地整治、川西林盘保护提质、乡村景观特征和风貌提升、垦造水田、农村建设用地整治，打造农田大地景观、林盘保护建设	1. 高标准农田建设涉及 7 个项目，涉及面积共 2160.04 公顷； 2. 垦造水田建设涉及 1 个项目，涉及面积共 114.44 公顷； 3. 农村建设用地整治涉及 3 个项目，涉及面积共 30.00 公顷； 4. 宜耕后备土地开发涉及 3 个项目，涉及面积共 15.82 公顷； 5. 可恢复耕地开发涉及 3 个项目，涉及面积共 292.87 公顷； 6. 低效园地、林地恢复涉及 1 个项目，涉及面积共 70.52 公顷

五、综合整治策略

（一）开展土地综合整治，增加有效耕地面积

1. 垦造水田。水稻开垦的目的是确保该地区水田的数量和质量不减少，通过工程、生物措施等方式，开发并转化可耕地为稻田，或将其他土地改建、开垦或更新为稻田。垦造水田是确保该地区水田的数量和质量不减少，通过工程、生物等方式，开发并转化可耕地为水田，或将其他土地改建、开垦为水田。依据《四川省垦造水田工程技术标准（试行)》《农田灌溉水质标准》（GB 5084)、《土地整治工程建设标准编写规程》（TD/T 1045)、《土地整治项目规划设计规范》（TD/T 1012）等相关技术标准，选择有水源保障、交通便利、相对集中连片的宜耕后备资源，通过开展土地平整工程、土壤改良、灌溉与排水工程、田间道路工程和农田防护工程等，将其开发、改造为水田。对有水源保障、交通便利、相对集中连片的坑塘水面、其他草地、其他林地、其他园地等非耕地进行"水田垦造"。

2. 农村建设用地整理。农村建设用地整理主要是指对现有农村居民点改造、迁村并点等，包含农村集体建设用地中的所有闲置、空置和利用效率较差的土地。根据全市各乡镇社会经济状况，结合新农村建设安置点的选择和地质灾害搬迁、生态搬迁等整治需求，合理安排各乡镇农村建设用地整理任

务。全市农村建设用地理论整治潜力为 101.72 公顷，涉及聚源镇、龙池镇、蒲阳街道、青城山镇、石羊镇、天马镇、玉堂街道 7 个乡镇共 121 个行政村（社区）。

3. 宜耕后备土地开发。根据都江堰市 2020 年度的变更数据，对全市宜耕后备土地资源进行评价，全市宜耕未利用地主要为其他草地，通过宜耕未利用地开发，可新增耕地 19.32 公顷，分布在灌口街道、聚源镇、龙池镇、蒲阳街道、青城山镇、石羊镇、天马镇、玉堂街道等 8 个乡镇。

4. 耕地恢复和补充工作。根据都江堰市 2020 年度的变更数据，对可恢复耕地进行评价，全市可恢复耕地资源面积为 331.78 公顷，其中，工程恢复面积 182.64 公顷，即可恢复面积 149.14 公顷，主要分布在聚源镇、天马镇。

5. 低效园地、林地恢复。全市低效园地、林地整理规模 786.38 公顷，可补充耕地 629.10 公顷，涉及聚源镇、龙池镇、蒲阳街道、青城山镇、石羊镇、天马镇、幸福街道、银杏街道、玉堂街道等 9 个乡镇（街道）。

（二）多措并举提升耕地质量和耕作条件

1. 高标准农田建设。坚持"区域集中连片、项目集成整合、产村同步推进"的思路，依据《成都市高标准农田建设技术规范》相关技术标准，采取集中投入、连片治理、整体推进的开发方式，优先发展粮食生产功能区，推进高标准农田规模化开发。实现田间网、渠网、路网协同发展，机械化、规模化、标准化"三化联动"，农地排灌能力、土壤肥沃能力、农机运行能力提升"三联动"。

都江堰市土壤立地条件较好，耕地质量等级以中等偏上为主，部分耕地存在滞水潜育等障碍因素，农田基础设施不足，田间道路、排灌、输配电、耕地保护、生态环境保护等工程设施参差不齐。农田基础设施配套不足，田间道路、灌排、输配电和农田防护与生态环境保护等工程设施参差不齐。一些已建成的高标准农田因建设时间较长，存在老化、损毁问题，急需改造或升级改造。规划期内应加强农田基础设施建设，完善末级灌排渠系，推广节水灌溉技术；全面提升农业机械化水平；加大土壤改良和面源污染治理力度；有序推进高标准农田新增建设和改造提升。

主要建设措施包括：

（1）田块整治。合理划分和适度归并田块，田块规模适度，满足规模化经营和机械化生产需要。土地平整应避免打乱表土层与心土层，无法避免时应实施表土剥离回填工程（农业农村部农田建设管理司，2021）。平原区以修建条田为主，该区需要结合当地地形、机耕需求和耕作便利度，因地制宜确定田块长度、宽度和坡降。建成后，耕作层厚度应达到 25 厘米以上。

（2）灌溉排水。改造、完善平原地区、低洼区、田间灌排设施，增强农田排涝能力。整治末级灌排渠系，一级阶地低洼地带灌排渠系整治应与田块、道路整治相结合。推行渠道防渗，因地制宜发展管道输水和喷灌、微灌等节水措施。开展灌区渠系配套与节水改造，增强农田排涝能力，防治土壤潜育化。鼓励实施生态化灌溉与排水工程。配套输配电设施，满足生产和管理需要。水稻区灌溉设计保证率达到 85%，水稻区农田排水设计暴雨重现期达到 10 年一遇，旱作区农田排水设计暴雨重现期达到 5～10 年一遇。

（3）田间道路。进一步优化田间道路布局，优先改造利用原有道路。合理确定路网密度、路面宽度、路面材质，整修和新建机耕路、生产路。机耕路路面宽度宜为 3～4 米，生产路路面宽度宜为 2.5 米，一般采用泥结碎石、砂石或混凝土路面。合理配套建设农机下田坡道、桥涵、错车点和末端掉头点等附属设施，满足农机作业、农资运输等农业生产要求。积极建设生态田间道路，材料和工艺尽量本土化，因地制宜减少硬化路面及附属设施。田间道路通达率达到 100%。

（4）土壤改良。因地制宜建设秸秆还田和农家肥积造设施，推广秸秆还田、增施有机肥、种植绿肥等措施，提升土壤有机质含量。合理施用石灰质物质等土壤调理剂，改良酸化土壤。采用水旱轮作等措施，改良渍涝潜育型耕地。实施测土配方施肥，促进土壤养分相对均衡。结合耕地质量监测点现状分布情况，开展长期定位监测。土壤有机质含量宜达到 25g/kg 以上，土壤pH 值宜保持在 5.5～7.5（农业农村部农田建设管理司，2021）。规划期内，高标准农田建设总规模 3839.17 公顷，涉及聚源镇、灌口街道、龙池镇、蒲阳街道、青城山镇、石羊镇、天马镇、幸福街道、银杏街道、玉堂街道共 10个乡镇（街道）。

2. 耕地提质改造。全市大力推广实施地力培肥工程，根据不同土壤情况，采取综合配套施肥技术措施，以增加土壤有机质含量，提高土壤产出率。

实施垦造水田建设工程，提高农业增产、农民增收。规划期间，对有水源保障、交通便利、相对集中连片的坑塘水面、其他草地、其他林地、其他园地等非耕地进行"水田垦造"。

全面实施建设占用耕地剥离再利用，新增耕地优先利用剥离的优质表土、劣质土壤改良、建设复垦等。将中、低质量耕地纳入高标准农田建设范围，实施质量提升和改造。积极稳妥推进耕地轮耕试点，加强轮作休耕地管理，加强轮作休耕地保护和改造，优先将耕地纳入高标准农田建设范围。

3. 合理完善农业配套设施。加快平坝灌区续建配套和节水工程改造，完善各级自流灌溉渠系建设，大力发展以喷灌、滴灌、灌溉管理和水肥一体化为重点的节水灌溉，加大涵闸站更新改造力度，推进河道综合整治工程，疏浚沟通水系。

完善小型农田水利设施，加强农村河塘清淤整治、"五小水利"、田间渠系配套、雨水集蓄利用，加强低山、丘陵区节水灌溉工程建设，加强南部山区人畜饮水工程建设，重点加强蓄水池、水井、加压泵站、扬水管线、输水管线等水利设施建设。认真做好农业水价综合改革等灌区现代化续建配套与改造项目各项工作，加快建设高效节水灌溉工程。

（三）农田生态系统建设

1. 水土流失综合治理。

（1）水土流失综合治理目标。到 2025 年，累计新增治理水土流失面积达到 264 公顷，水土流失综合治理率达到 30%。基本建成与成都都江堰市社会经济发展相适应的水土流失综合防治体系，人为水土流失得到有效控制；形成水土流失监测网络基本覆盖，保证水土保持运行设施维护到位，形成和修订与水土保持法律法规配套的实施细则和制度体系。

到 2035 年，累计新增治理水土流失面积达到 793 公顷，水土流失综合治理率达到 90%。全面建成与社会经济发展相适应的水土流失综合防治体系，生产建设活动导致的人为水土流失得到全面控制；建设完善水土流失监测网络和信息系统，健全水土保持法律、法规体系和监督管理体系（四川省人民政府，2017）。

（2）水土流失综合治理策略。按照"预防为主，保护优先，全面规划，综合治理，因地制宜，突出重点，科学管理，注重效益"的水土保持工作方针、指导思想和原则，以小流域单元、结合重点片区水土流失防治，集成生态循环农业发展、生态型土地整治、水环境整治、调蓄节水工程、损毁土地生态修复、植被恢复和生物多样性保护、水土流失防治方法和技术，大力推进差异化水土流失防治工程技术建设，促进粮食安全、防洪安全、饮水安全、公共安全和生态安全，恢复和提升生态系统服务功能。

（3）加强水源涵养保护区治理。都江堰市位于龙门山山地减灾生态维护区，该区域水土保持功能为水源涵养、土壤保持和防灾减灾。北部区域（以龙池镇为主）自然资源及生物多样性丰富，多为原始林和天然次生林，主要存在生活条件的提升导致周围山脉、森林、湿地和植被的破坏，旅游开发带来森林植被退化、水生态系统破坏、湖泊淤泥淤积等问题。该区域梯级电站较多，需加强生态流量下泄管控，在生态保护的基础上开展水源涵养工作。在做好水源涵养及水土保持措施、强化水生态空间管控等保护生态环境措施基础上，针对区内山溪河进行因地制宜的开发利用。加强重点乡镇河道整治，加大山洪沟治理力度；加强水土保持和小流域治理；做好已建小水电站的生态化改造。

2. 面源污染治理。严格控制新增土壤污染，因地制宜、分类实施土壤污染防治，提高土壤环境质量，确保农产品质量和生活环境安全。确定土壤污染重点防治区和土壤污染次重点治理区，重点实施超Ⅲ类土壤重金属污染综合防控、重酸化土壤防控、农用地面源污染防治。开展西北部山区生态屏障建设，阻控自然源污染扩散。全面实施农业面源污染防控，推进被污染农田安全利用。加强对建设用地土壤污染的预防和管理，加强对土壤环境影响的评估，防止建设用地新增污染，确保土地的开发利用符合土壤环境质量要求，确保生活环境安全。到 2035 年，规划污染耕地安全利用率达到 100% 以上，污染土地安全利用率达到 100%，实现土壤环境质量整体有效改善。

3. 推进植被恢复与生物多样性保护。

（1）修复目标。近期：至 2025 年，进行低效林改造和退耕还林，全市森林覆盖率达到 63.5%。远期：至 2035 年，完成低效林改造和退耕还林，全市森林覆盖率达到 65%。

龙门山地区加快建立以大熊猫国家公园为主体的自然保护地体系，保护极小种群栖息地，重点开展以自然恢复为主的植被修复，实施天然林保护工程，开展生态公益林建设；逐步恢复受损生态系统服务功能，维护野生动植物栖息地，保护濒危野生动植物。规划至 2035 年，濒危动、植物保护率达到 100%，有害生物成灾率小于 3%，实施生态公益林改造，提升森林质量，逐步形成以青城山为核心区，岷江、蒲阳河、柏条河、走马河、江安河、黑石河、沙沟河和绿道为生态廊道，各类公园和林盘为"脚踏石"的区域生物多样性保护网络。

（2）修复工程。开展龙门山生物多样性保护与森林质量提升工程，退耕还林 2.05 平方千米，修复龙门山侵占林地和低效林，提高生物物种多样性，将 25°以上耕地纳入退耕还林项目。从植被的适应性和功能出发，构建植物安全格局。

（四）推动农业产业园区建设

1. 全市农业产业初具规模。近年来，都江堰市优势特色农业提质、发展迅速。大力实施农业产业结构调整，形成以培优特色农产品为主线，优质粮油、茶叶、蔬菜、猕猴桃、笋用竹、三木药材、川芎、冷水鱼等休闲农业为补充的都市现代农业产业体系。建成猕猴桃出口备案基地 16 个，成功创建国家级出口猕猴桃质量安全示范区、四川省级特色农产品（猕猴桃）优势区、都江堰市笋用竹省级标准化基地。都江堰市猕猴桃现代农业产业科技园区、茶溪谷现代农业园区获评成都市三星级现代农业园区。都江堰猕猴桃、都江堰川芎、都江堰厚朴获评国家地理标志保护产品，都江堰茶叶、都江堰方竹笋被认证为农产品地理标志，都江堰猕猴桃被列入全国名优特新农产品目录，荣获中国国际农产品交易会参展农产品金奖、全国猕猴桃品鉴会金奖。"米袋子""菜篮子"供应能力稳步增强。

都江堰经济基础良好，适合现代农业产业发展，为农业生产提供充足的劳动生产力和相关产业、产品配套。都江堰市为推进现代农业产业绿色可持续发展，制定了《都江堰市"一控，两减，三基本"工作方案》和《都江堰市饮用水水源保护区化肥、农药使用方案》等工作方案，促进了农业循环经济发展，绿色农业发展成效凸显。都江堰市围绕国家级生态市、国家级绿化模范县（市）等创建工作，深入实施了人居环境整治，推进农村"三大革命"建设，全面治理农村面源污染，大力示范推广循环农业、绿色防控、有机肥替代化肥技术、测土配方施肥等先进农业技术。同时，加快发展种养结合、农牧结合、农渔结合等生态养殖模式，推广"稻渔共生""渔菜共生"新型种养型、"畜—沼—菜（果）"复合生态型、"秸秆—饲料—畜—茶（果）"农牧特结合型、"粮—瓜—菜"立体种植型、"林—药—菌"山区资源开发型等循环模式，促进了农业绿色可持续发展。

2. 形成坝区、山区和沿山区三大产业功能区。结合都江堰市农业产业基础和资源特点，形成坝区、山区和沿山区三大产业功能区。坝区产业功能区坚持标准化、规模化基地创建，以发展粮油、蔬菜、药材、水果产业为主，推广"稻渔共生""渔菜共生"新型种养模式。山区产业功能区以建设生态、绿色基地为主,大力发展水果、茶叶、药材、笋用竹等产业。沿山产业功能区加快推进特色化基地建设,发展茶叶、笋用竹、花卉苗木等产业。

3. 构建"7+24"农业产业体系。构建"7+24"农业产业体系,"7"指培育粮(油)、茶、药材、蔬菜、水果、笋用竹、花卉苗木七大特色优势产业带;"24"是建设24个主题突出、特色鲜明、产业链条相对完整的现代农业产业园。都江堰市现代农业产业通过24个现代农业产业园建设,以点带面,带动七大特色优势产业带形成,结合现代农业产业支撑体系建设,形成一二三产业联动。

(1)粮(油)特色优势产业带。规划按照"一带两核"进行区域布局,建成以驾青路(S106)沿线的石羊镇、聚源镇、天马镇、青城山镇等坝区乡镇为重点粮(油)产业带,以金马河为界建成聚源万亩粮(油)产业核心示范区和石羊万亩粮(油)产业核心示范区。

(2)茶特色优势产业带。规划按照"一带两核"进行区域布局,建成以中兴镇、蒲阳街道、青城山镇、玉堂街道、龙池镇为重点的现代茶产业带,建成龙池镇、蒲阳街道为重点的北部茶产业核心示范区和以青城山镇、玉堂街道为重点的南部茶产业核心示范区。

(3)药材特色优势产业带。规划形成"双核"驱动的产业布局,建成石羊镇、青城山镇、龙池镇为重点的药材特色优势产业带,建成龙池镇为重点的北部三木药材产业核心示范区和以石羊镇、青城山镇为重点的南部川产道地药材产业核心示范区。

(4)蔬菜特色优势产业带。规划按照"一园一带"进行区域布局,建成天马镇为重点的现代蔬菜产业带,建成圣寿源绿色蔬菜现代农业示范园。

(5)水果特色优势产业带。规划按照"一带三核"进行区域布局,全市建成以猕猴桃为主的水果产业带,建设以龙池镇和蒲阳街道为中心的山地猕猴桃产业核心示范区和以天马镇为中心的平坝红心猕猴桃产业核心示范区。

(6)笋用竹特色优势产业带。充分融合大熊猫文化和竹文化,借都江堰国家级田园综合体示范,发挥川西林盘形态优势,深度发掘竹文化,规划建成都江堰市6666.67公顷(10万亩)笋用竹产业带。

(7)花卉苗木特色优势产业带。规划形成"双核"驱动的产业布局,全市建成以蒲阳街道、天马镇为重点的特色花卉苗木产业带,建设以蒲阳街道为中心的彩林产业核心示范区和以天马镇为中心的玫瑰产业核心示范区。

六、打造耕地大地景观、提升田园美学

(一)加速呈现美丽乡村,农村环境面貌大幅改善

都江堰市全面启动川西林盘保护修复和"百村容貌"整治,为抓好幸福美丽新村建设,已实现幸福美丽新村建设全覆盖,累计建成"四好村"115个、特色村 20 个、精品院落 4 个。

乡村振兴亮点纷呈:天马镇、聚源镇获评成都市级乡村振兴示范镇,青城山镇泊江、天马镇金陵和金胜、蒲阳街道棋盘、石羊镇七里 5 个社区获评省级乡村振兴示范村。石羊镇七里社区和青城山镇泰安社区分别上榜四川省治理有效村和生活富裕村。中央党校乡村振兴培训将幸福美丽新村建设"微田园模式"列为案例。天府源田园综合体、七里诗乡、拾光山丘、问花村、玫瑰花溪谷荣获成都市乡村振兴案例评选十佳案例奖和十佳入围奖。天马镇(原胥家镇)上榜全国第九批"一村一品"示范村镇、全国农业产业强镇。

基于农村土地综合整治,统筹推进景观建设工作。将自流灌渠、蜿蜒田埂有机融合的大地景观是都江堰农村的最美底色。规划期内,为推进农村土地综合整治,需以山水林田湖草综合治理为主要抓手,以生态修复和节约集约用地为目标,统筹推进全域增绿、高标准农田建设、城乡风貌改造提升、特色镇建设和川西林盘整理,重现天府之国壮美秀丽的景色,全面构建农耕文明与蜀风雅韵交相辉映的城乡融合秀美景观画卷(李祖建,2019)。

统筹推进景观建设,构建"4 + 4 + 1"的大地空间格局,穿点成线,连线成片,打造自流灌渠、蜿蜒田埂、浑然天成"小田"大地景观;以交通沿线为重点,对可视范围内的裸露地表实施绿化覆盖。结合村庄、农田、林盘打造大地景观再造工程试点示范区。

打造精品林盘聚落风貌,保护和修缮林盘内的树木、竹林和河流水系走向,保持周边的自然田园风光,规划在 2025 年累计建设川西林盘聚落 25 个。

同时,依托现有山水脉络,加强对岷江、蒲阳河、柏条河等九河主线生态廊道保护,塑造观山、观水、观景的视域廊道。

(二)挖掘农耕文化,深化农商文旅融合发展

目前,都江堰市农商文旅体医养发展架构初步建立。表现在:依托川西

林盘、绿道、蓝网等载体资源,通过"理水、护林、亮田、植绿、彰文、兴业",推动生态保护修复和农商文旅体医养融合发展(张燕,2020)。全国15个之一、全省唯一国家级田园综合体——天府源田园综合体落户,正加快呈现都江堰精华灌区"岷江水润、茂林修竹、美田弥望、蜀风雅韵"的田园胜景。已保护修复川西林盘78个,打造形成15个优质精品林盘,形成了"田园综合体+川西林盘+绿道"相互支撑的农商文旅体医养发展架构。充分发挥"三遗之城"的旅游产业引领优势,培育灌区映像、天府原乡、拾光山丘、问花村等多个农业新经济示范点位、3个全国乡村旅游重点村和青暇山居等20多家全国知名精品民宿,建成川西音乐林盘等13个成都市A级林盘景区(其中AAA级11个),逐步形成了一批农事体验、乡村度假、精品民宿、康体养生新业态。成功创建"国家级森林康养基地"1处、"四川省森林康养基地"11处,玫瑰花溪谷、茶溪谷获评省级农业主题公园,猪圈咖啡、茶溪谷家庭农场获评成都十大优秀农创项目。玫瑰花溪谷入选农业农村部"千山万水赏美景"全国100条秋季乡村休闲旅游精品推介线路。

规划期内,拟加强天府文脉保护传承,活化利用传统村落和原真文化,充分释放乡村生态价值、美学价值和经济价值,推动农商文旅体医养融合产业"建圈强链",促进农商文旅体医养形态融合、价值叠加、优势互补,让乡村成为价值新风口、诗意栖居地。到2025年,创建四川省休闲农业重点县,国家级现代农业大园区,招引10个高能级农商文旅体医养融合项目,落地100亿级投资。深入推进"农业+旅游""农业+电商""农业+康养""农业+文创"发展,加快推进锐丰·国家农业公园、花蕊里灌县川芎产业园等项目建成,推动麓艺小镇、乡伴·理想村等项目落地实施。

1. 培育农商文旅体医养融合发展业态。坚持因地制宜、差异化发展,立足都江堰特色资源优势,不断拓展乡村多元功能,发展五大融合业态,打造五大特色品牌,增强农商文旅体医养融合发展的品牌效应。

(1)推动田园文创特色化发展。深化"山、水、道、熊猫"等都江堰市特质文化元素挖掘,以特色化发展为导向,通过创意化手段推动文化资源与大美田园深度融合,打造都江堰田园文创品牌。依托天府源国家级田园综合体、川西音乐林盘、七里诗乡等项目,植入音乐展演、诗歌诵读、创意发布等场景,打造田园音乐节、田园诗歌节、田园发布会。开展"艺术家驻村活动",打造艺术家驻留基地,支持艺术家在大地田园、闲置土地、废弃房屋上进行大地景观、田园艺术雕塑等创作,打造创意田野目的地。深挖放水节、薅秧歌、祈福大典等重大节日庆典文化内涵，以"延续老传统、创意新设计"为指导，策划打造一批兼具娱乐性和参与性的节庆文化活动。

（2）推动林盘康养高端化发展。充分依托优越的生态环境和林盘资源，发展高端康养业态，打造都江堰林盘康养品牌。依托天府青城国家级旅游度假区，引进康复养生、精准医疗等专业机构和特色项目，加快道养禅修、中医中药等特色资源的转化，建设全国重要的医疗旅游先行区。引进国内外高端康养品牌，打造一批特色鲜明、具有竞争力和影响力的医疗康养服务项目。以石羊镇、龙池镇为核心，依托都江堰中药材种植基地，鼓励开发中药膳食系列养生产品，植入康复理疗、健康管理、医疗美容等业态，打造集中医养生膳食、中医养生咨询、融中医养生与美容于一体的中医药康养基地。

（3）推动休闲运动体验化发展。探索"农业+体育"发展新模式，培育"山地运动+休闲体育+赛事品牌"的休闲运动消费，打造多样性、趣味性和互动性的乡村休闲运动品牌，开发和组织一批有影响力的乡村休闲运动赛事。以共建龙门山山地旅游走廊为契机，发展山地户外运动，加快山地越野营地建设，发展冰雪旅游、山地运动、山地越野、登山露营等山地户外项目，打造山地户外运动路线。举办高水平的中国·都江堰（虹口）国际漂流节，推动虹口省级生态旅游示范区建设，打造金马河、白沙河等水上运动项目，引入专业水上运动训练，发展漂流、皮划艇、激流回旋等水上体育和游乐项目，打造水上运动体验路线。建立集救援、医疗、运输为一体的水、陆、空三栖应急救援服务网络，实现快速反应，完善相关教育培训体系，加强安全信息警示。

（4）推动乡村民宿精品化发展。围绕精品化发展思路，推动乡村民宿与农耕文化、创意体验、田园景观的结合，打造内涵丰富、环境相宜、特色鲜明的都江堰精品民宿品牌。大力引进品牌民宿，充分发挥青城溪村等示范项目的标杆引领作用，吸引中高收入消费群体，发展一批文化主题突出、设计风格独特、建筑规模适中和服务品质多元的乡村民宿，打造精品民宿IP聚集地，提升都江堰精品民宿品牌影响力。实施"精品民宿+"工程，注重其与有机农业、民俗文化、创意书店等的融合发展，拓展休闲度假、商务会议、教育培训等功能，延长民宿产业链，满足不同人群的差异化休憩需求，营造"慢下脚步、静下心来，亲近自然、享受生活"的乡居体验场景。围绕乡村民宿发展，探索实行点状供地、混合供地、盘活集体建设用地等方式，保障乡村民宿项目用地需求。

（5）推动乡村研学主题化发展。结合都江堰农产品资源、生态资源、文化资源，发展主题化的乡村亲子研学业态，打响都江堰乡村研学品牌。依托国家农业公园和圣寿源绿色蔬菜示范基地等载体，建立农业科学教育基地，实施以水稻种植、蔬菜种植为中心的农业教育，着力打造"全国青少年农业科学传播示范中心"。推动茶溪谷、青城道茶观光园公园升级，建设西路边茶博物馆、道茶体验馆等研学载体，促进采茶、制茶、饮茶与研学旅游相结合，开展茶染体验、茶艺表演、评茶讲学等活动。加强铜马沟川竹产业园竹文化研学基地、竹文化主题餐厅、竹林露营基地等设施建设，深入推进"竹笋宴"全席菜品研发，开展挖竹笋、做竹雕、学竹编、品竹笋等活动，集中展示千年竹文化。依托都江堰水利工程、青城山道文化、灵岩山禅文化和熊猫文化，建设水利工程、大熊猫国家公园、青城山道文化中心等研学基地，打造"拜水""问道""禅悟""萌趣"研学体验场景。

2. 壮大农商文旅体医养融合发展载体。将农商文旅体医养融合与产业功能发展、乡村美学设计相结合，因地制宜规划建设一批与产业功能有机兼容、乡村建设精准匹配的农商文旅体医养融合发展载体，打造差异化、特色化、融合化发展空间。到2025年，围绕"致敬世界遗产之旅""西部地理发现之旅"和"康养休闲度假之旅"，基本形成三条乡村精品旅游路线。

（1）扮靓千年灌区大美形态。塑造柏条河天府绿道生态农业景观示范带，打造成青路、彭青路、蒲虹路等最美乡村路，有机整合、优化串联乡村示范点位，建设青山药谷乡村中医药文旅科技产业园、金胜粮果联动智慧农业产业园、圣寿水润田园稻蔬产业园和耒谷创新创意农业示范园四大融合发展新地标。依托精华灌区，积极招引符合当地生态本底、人文特质的农商文旅体医养融合项目。深化天府源国家级田园综合体建设，探索建立"公司＋新型经营主体＋集体经济组织＋农户"的产业链增值收益模式。力争到2025年，成功创建以都江堰灌区为核心的国家级现代农业大园区。

（2）实施川西林盘保护修复。坚持"景区化、景观化、可进入、可参观"理念，以"整田、护林、理水、改院"等为主要内容，高水准实施川西林盘保护修复工程，聚力打造一批商务总部型、康养度假型、文创娱乐型、数字经济型林盘。优化提升李家院子、川西音乐林盘、问花村康养林盘等成熟林盘功能品质，推动当地文化与林盘深度融合。着力构建三级绿道体系，将川西林盘、产业园区和景区景点有效串联。到2025年，累计保护修复川西林盘25个，实现主要涉农镇（街）至少两个A级林盘景区。

（3）推动现代农业园区景区化改造。按照全域旅游的思路，系统推进"农业园区景区化、种植景观区、农业生产体验化"，引领农业公园走向景区。依托优质粮油、猕猴桃、茶叶、笋用竹等产业园区筑基，打造休憩绿道、观光步道、导览标识、主题餐厅、露营基地、生态停车场等休闲设施配套，打造产业特色鲜明、农耕文化浓郁的农业主题公园、农业科普教育基地。在保持农产品原始种植格局的基础上，通过创意化设计和合理种植，实施闲置地景观化改造、坡地景观栽培、沟路林渠景观提升等工程，打造稻田艺术、果园景观、竹林景观、四季景观等，优化、提升农业园区景观风貌。顺应乡村旅游体验化发展趋势，鼓励农业园区将插秧、收割、采茶等农业生产开发活动培育成旅游体验项目。

3. 推进农商文旅体医养融合发展。根据资源禀赋和市场需求，将农商文旅体医养融合发展充分植入到产业园区、川西林盘和绿道蓝网中，推进形态塑造、场景营造、产业再造，促进产业优势、人文优势、生态优势充分转化为竞争优势。

（1）创新营建乡村多元场景。活化利用传统村落和原真文化，以绿道、田园、蓝网、林盘、园区为载体，因地制宜植入音乐展演、创意发布、田园文创、乡村研学、休闲运动等新产业、新业态，打造众多复合功能的绿道型、山水型、郊野型、人文型、街区型、产业型消费空间，产生创新驱动的机遇场景、互动结合的生产场景、多重体验的生活场景，营造出诗意生态人居的景象。支持创建一批国家 AAA 级及以上旅游景区。

（2）创新农商文旅体医养融合模式。强化功能拓展、业态提升，探索"绿道＋、蓝网＋、田园＋、林盘＋"等新机制，推动商业综合体、文旅综合体等运营模式创新。推广"政府＋企业＋社会资本"合作模式，鼓励政府投资平台、集体经济组织与国内外的专业化企业合作，引导各类主体参与投建运管，构建并完善多元参与利益联结机制。

参 考 文 献

［1］阿尔弗雷德·韦伯. 工业区位理论：区位的纯粹理论［M］. 北京：商务印书馆，2010.

［2］蔡德峰，张扬建，丛楠，等. 藏中联网工程生态系统服务功能重要性评价［J］生态学杂志，2021（2）：11.

［3］曹帅，金晓斌，韩博，等. 从土地整治到国土综合整治：目标、框架与模式［J］. 土地经济研究，2018（2）：133－151.

［4］陈春燕，王三. 都江堰市城市土地利用问题研究［J］. 安徽农业科学，2013，41（9）：4140－4143，4147.

［5］陈星，周成虎. 生态安全：国内外研究综述［J］. 地理科学进展，2005，24（6）：8－20.

［6］陈贞中. 调整农业生产布局优化作物结构发挥资源优势［J］. 地理科学，1992（12）：16－21.

［7］成西娟. 生态保护红线划定工作中相关问题探讨［J］环境与发展，2019（9）：202－204.

［8］程洁. 济南南部山区生态敏感性评价与生态功能区规划研究［D］. 济南：山东建筑大学，2019.

［9］程勉志，测绘地理信息服务于生态保护红线划定［J］地理空间信息，2022（7）：171－173.

［10］丹曲. 着力推进"美丽西藏"的重要内涵［J］青藏高原论坛，2020（2）：5.

［11］地理空间数据云网站. 高程数据集［EB/OL］. 2022. ［2023－6－29］. https：//www.gscloud.cn/.

［12］杜能. 孤立国同农业和国民经济的关系［J］. 现代财经：天津财经大学学报，1987（2）：1.

［13］杜鑫. 基于国土空间适宜性的土地利用空间格局优化研究［D］. 成都：四川农业大学，2020.

[14] 樊杰. 我国主体功能区划的科学基础 [J]. 地理学报, 2007, 62 (4): 339 – 350.

[15] 樊杰. 中国主体功能区划方案 [J]. 地理学报, 2015, 70 (2): 186 – 201.

[16] 樊杰. 主体功能区战略与优化国土空间开发格局 [J]. 中国科学院院刊, 2013, 28 (2): 193 – 206.

[17] 冯广京, 王睿, 谢莹. 国家治理视域下国土空间概念内涵 [J]. 中国土地科学, 2021, 35 (5): 8 – 16.

[18] 冯广京. 自然资源科学研究和利用管理改革的基本思路与主要任务 [J]. 中国土地科学, 2018, 32 (6): 8 – 14, 31.

[19] 付梦娣, 罗建武, 田瑜, 等. 基于最小累积阻力模型的自然保护区网络构建与优化——以秦岭地区为例 [J]. 生态学杂志, 2018, 37 (4): 1135 – 1143.

[20] 傅伯杰. 美国土地适宜性评价的新进展 [J]. 自然资源学报, 1987, 2 (1): 92 – 95.

[21] 高吉喜. 可持续发展理论探索——生态承载力理论、方法与应用 [M]. 北京: 中国环境科学出版社, 2001.

[22] 郭锐, 陈东, 樊杰. 国土空间规划体系与不同层级规划间的衔接 [J]. 地理研究, 2019, 38 (10): 2518 – 2526.

[23] 寒区旱区科学数据中心. 土壤数据集 [EB/OL]. [2023 – 6 – 28]. http://lason.careeri.cas.cn/home12/.

[24] 郝庆, 彭建, 魏冶, 等. "国土空间" 内涵辨析与国土空间规划编制建议 [J]. 自然资源学报, 2021, 36 (9): 2219 – 2247.

[25] 郝庆. 对机构改革背景下空间规划体系构建的思考 [J]. 地理研究, 2018, 37 (10): 1938 – 1946.

[26] 何冬华. 空间规划体系中的宏观治理与地方发展的对话——来自国家四部委 "多规合一" 试点的案例启示 [J]. 规划师, 2017 (2): 12 – 18.

[27] 洪步庭, 任平. 基于最小累积阻力模型的农村居民点用地生态适宜性评价——以都江堰市为例 [J]. 长江流域资源与环境, 2019, 28 (6): 1386 – 1396.

[28] 后东升. 西藏经济发展中的环境保护和生态文明建设 [J]. 中国科技博览, 2015 (26): 2.

［29］胡雪丽，徐凌，张树深．基于 CA-Markov 模型和多目标优化的大连市土地利用格局［J］．应用生态学报，2013，24（6）：1652－1660．

［30］黄金川，林浩曦，漆潇潇．面向国土空间优化的"三生空间"研究进展［J］．地理科学进展，2017（3）：14．

［31］黄美菱．基于 RS、GIS 的都江堰市生态安全评价与生态熵研究［D］．西安：长安大学，2018．

［32］黄木易，岳文泽，冯少茹，等．基于 MCR 模型的大别山核心区生态安全格局异质性及优化［J］．自然资源学报，2019，34（4）：771－784．

［33］贾文涛．从土地整治向国土综合整治的转型发展［J］．中国土地，2018（5）：16－18．

［34］江西省市场监督管理局．资源环境承载能力与国土空间开发适宜性评价技术规程［EB/OL］．（2020－12－29）［2023－06－29］．http：//amr.jiangxi.gov.cn/.

［35］姜德文．落实中央生态文明建设意见推进水土保持新发展［J］．中国水土保持，2016（2）：5．

［36］匡文慧．新时代国土空间格局变化和美丽愿景规划实施的若干问题探讨［J］．资源科学，2019，41（1）：23－32．

［37］李龙，吴大放，刘艳艳，等．多功能视角下县域资源环境承载能力评价——以湖南省宁远县为例［J］．生态经济，2020，36（8）：146－153．

［38］李明薇．县域尺度的国土"三类"空间格局与优化研究——以宝丰县为例［D］．郑州：河南农业大学，2019．

［39］李琴．增长极限论中关于人类生存矛盾的启迪［D］．大连：大连海事大学，2009．

［40］李思楠，赵筱青，普军伟．西南喀斯特典型区国土空间地域功能优化分区［J］．农业工程学报，2020，36（17）：242－253．

［41］李涛，甘德欣，杨知建．土地利用变化影响下洞庭湖地区生态系统服务价值的时空演变［J］．应用生态学报，2016，27（12）：3787－3796．

［42］李雨彤．县域国土空间"三生"功能评价与格局优化研究［D］．重庆：西南大学，2020．

［43］李元仲．赵书泉．武雄．鲁南经济带地质环境脆弱性评价［J］．现代地质，2014，28（5）：1096－1102．

［44］李园．国土空间规划中的"三区三线"划定与管制研究——以镇

江市区为例 [D]．南京：南京农业大学，2020.

[45] 李月辉，胡志斌，高琼，等．沈阳市城市空间扩展的生态安全格局 [J]．生态学杂志，2007，26 (6)：875 – 881.

[46] 李祖建．川西林盘大田景观肌理研究 [D]．成都：四川农业大学，2019.

[47] 廖和平，卢艳霞，等．三峡库区农村资源开发与产业发展模式探究 [J]．地域研究与开发，2005，24 (3)：99 – 111.

[48] 廖什．经济空间秩序 [M]．王守礼，译．北京：商务印书馆，1995.

[49] 林涓涓，潘文斌．基于GIS的流域生态敏感性评价及区划方法研究 [J]．安全与环境工程，2005，12 (2)：23 – 26.

[50] 林雯璐，孙凯，郭熙．基于多目标分析的风景名胜区国土空间优化研究——以龙虎山为例 [J]．生态经济，2020，36 (7)：182 – 188.

[51] 林勇，樊景凤，温泉，等．生态红线划分的理论和技术 [J]．生态学报，2016，36 (5)：1244 – 1252.

[52] 刘春芳，王奕璇，何瑞东．基于居民行为的三生空间识别与优化分析框架 [J]．自然资源学报，2019，34 (10)：2113 – 2122.

[53] 刘皓，内蒙古生态保护红线内矿业权处置问题研究 [D]．北京：中国地质大学，2020.

[54] 刘珺、张彬．全域土地综合整治与国土空间规划的融合问题——以上海市崇明区三星镇为例 [J]．中国土地，2022 (1)：30 – 31.

[55] 刘康，欧阳志云，王效科，等．甘肃省生态环境敏感性评价及其空间分布 [J]．生态学报，2003，23 (12)：2711 – 2718.

[56] 刘小波，王玉宽，李明．国土空间开发适宜性评价的理论、方法与技术应用 [J]．地球信息科学学报，2021，23 (12)：2097 – 2110.

[57] 刘彦随，吴传钧，鲁奇.21世纪中国农业与农村可持续发展方向和策略 [J]．地理科学，2002，22 (4)：385 – 389.

[58] 刘彦随．科学推进中国农村土地整治战略 [J]．中国土地科学，2011，25 (4)：3 – 8.

[59] 柳冬青，马学成，巩杰．流域"三生空间"功能识别及时空格局分析——以甘肃白龙江流域为例 [J]．生态学杂志，2018，37 (5)：1490 – 1497.

[60] 龙花楼．论土地利用转型与土地资源管理 [J]．地理研究，2015，

34（9）：1607 –1618.

[61] 龙花楼．论土地整治与乡村空间重构 [J]．地理学报，2013，68（8）：1019 –1028.

[62] 卢静．重庆市南川区资源环境承载力综合评价及预测 [D]．重庆：重庆大学，2021.

[63] 鲁敏，孔亚菲．生态敏感性评价研究进展 [J]．山东建筑大学学报，2014，29（4）：347 –352.

[64] 鲁敏，孙友敏，李东和．环境生态学 [M]．北京：化学工业出版社，2011.

[65] 闾海、张飞．全域土地综合整治视角下国土空间规划应对策略研究——以江苏省建湖县高作镇为例 [J]．规划师，2021（7）：36 –44.

[66] 莫斌，朱波，王玉宽，等．重庆土壤侵蚀敏感性评价 [J]．水土保持通报，2004，24（5）：45 –49.

[67] 欧定华，夏建国，张莉，等．区域生态安全格局规划研究进展及规划技术流程探讨 [J]．生态环境学报，2015，24（1）：163 – 173.

[68] 欧阳志云，王效科，苗鸿．中国生态环境敏感性及区域差异规律研究 [J]．2000，20（1）：9 –12.

[69] 欧阳志云．中国生态功能区划 [J]．中国勘察设计，2007（3）：70.

[70] 潘竟虎，刘晓．基于空间主成分和最小累积阻力模型的内陆河景观生态安全评价与格局优化——以张掖市甘州区为例 [J]，应用生态学报，2015，26（10）：3126 –3136.

[71] 彭建，赵会娟，刘焱序，等．区域生态安全格局构建研究进展与展望 [J]．地理研究，2017，36（3）：407 –419.

[72] 邱语．云南省资源环境承载力综合评价及优化路径研究 [D]．昆明：云南财经大学，2020.

[73] 全国高标准农田建设规划（2021—2030 年）[J]．中国农业综合开发，2021（9）：4 –22.

[74] 史同广，郑国强，王智勇，等．中国土地适宜性评价研究进展 [J]．地理科学进展，2007，26（2）：10.

[75] 四川省人民政府关于四川省水土保持规划（2015—2030 年）的批复 [J]．四川省人民政府公报，2017（1）：1.

[76] 四川省统计局，四川统计年鉴 [EB/OL]．[2023 – 06 – 29].

http://tjj. sc. gov. cn/scstjj/c105855/nj. shtml.

[77] 孙道亮. 都江堰市农村居民点时空演变与布局优化研究 [D]. 成都：四川师范大学，2020.

[78] 唐剑武，郭怀成，叶文虎. 环境承载力及其在环境规划中的初步应用 [J]. 中国环境科学，1997，17（1）：4.

[79] 涂小松，龙花楼. 2000—2010 年鄱阳湖地区生态系统服务价值空间格局及其动态演化 [J]. 资源科学，2015，37（12）：2451 - 2460.

[80] 汪劲柏，赵民. 论建构统一的国土及城乡空间管理框架——基于对主体功能区划、生态功能区划、空间管制区划的辨析 [J]. 城市规划，2008（12）：40 - 48.

[81] 王华，生态系统服务功能研究的现状及发展 [J] 广西林业科学，2007（3）：46 - 48，58.

[82] 王蕾. 对罗马俱乐部第一份报告《增长的极限》的解读 [D]. 上海：上海交通大学，2005.

[83] 王琦，付梦娣，魏来，等. 基于源——汇理论和最小累积阻力模型的城市生态安全格局构建——以安徽省宁国市为例 [J]. 环境科学学报，2016，36（12）：4546 - 4554.

[84] 王威，胡业翠. 改革开放以来我国国土整治历程回顾与新构想 [J]. 自然资源学报，2020（1）：53 - 67.

[85] 王威，贾文涛. 生态文明理念下的国土综合整治与生态保护修复 [J]. 中国土地，2019（5）：29 - 31.

[86] 王效科，欧阳志云，肖寒，等. 中国水土流失敏感性分布规律及其区划研究生态学报 [J]，2001，21（1）：14 - 19.

[87] 王宗宇. 都江堰八五三基地休闲农业园空间规划研究 [D]. 成都：成都理工大学，2016.

[88] 魏超. 基于生态文明理念的国土空间利用协调发展研究 [D]. 武汉：中国地质大学，2019.

[89] 沃尔特·克里斯塔勒. 德国南部的中心地原理 [M]. 常正文，等译. 北京：商务印书馆，2017.

[90] 吴次芳，叶艳妹，吴宇哲，等. 国土空间规划 [M]. 北京：地质出版社，2019.

[91] 吴树荣，潘换换，杨琪雪，等. 山西煤矿区生态系统服务重要性评

价及时空异质性 [J]. 山西大学学报（自然科学版），2022（4）：250－260.

[92] 吴志强. 国土空间规划的五个哲学问题 [J]. 城市规划学刊，2020（6）：7－10.

[93] 西藏自治区发展和改革委员会. 西藏自治区"十三五"时期地质灾害防治规划 [EB/OL].（2018－06－29）[2023－06－28]. http：//amr. jiangxi. gov. cn/.

[94] 西藏自治区国土资源厅. 2016 年二调变更数据影像 [EB/OL]. [2023－06－29]. http：//zrzyt. xizang. gov. cn/.

[95] 西藏自治区国土资源厅. 2016 年西藏自治区土地利用现状调查数据 [EB/OL]. [2023－06－29]. http：//zrzyt. xizang. gov. cn/.

[96] 西藏自治区人民政府. 西藏概况 [EB/OL].（2018－12－21）[2023－06－28]. http：//www. xizang. gov. cn/rsxz/qqjj/201812/t20181221_ 34484. html.

[97] 西藏自治区人民政府. 西藏自治区主体功能区规划（2014 年）数据 [EB/OL]. 2014 [2023－05－23]. http：//www. xizang. gov. cn/rsxz/qqjj/201812/t20181221_34484. html.

[98] 西藏自治区统计局，西藏自治区 2015 年国民经济和社会发展统公报 [EB/OL].（2016－06－02）[2023－06－28]. http：//tjj. xizang. gov. cn/.

[99] 西藏自治区自然资源厅. 西藏水利资源 [EB/OL].（2019－07－31）[2023－6－29]. http：//zrzyt. xizang. gov. cn/dt/xzzrzygk/201907/t20190731_ 90632. html.

[100] 习近平. 决胜全面建成小康社会夺取新时代中国特色社会主义伟大胜利——在中国共产党第十九次全国代表大会上的报告 [R]. 北京：人民出版社，2017.

[101] 熊善高，秦昌波，于雷，等. 基于生态系统服务功能和生态敏感性的生态空间划定研究——以南宁为例 [J] 生态学报，2018，38（22）：13.

[102] 熊善高，万军，秦昌波，等."三线一单"中生态空间分区管控的思路与实践 [J]. 中华环境，2018（2）：3.

[103] 徐广才，康慕谊，赵从举，等. 阜康市生态敏感性评价研究 [J]. 北京师范大学学报（自然科学版），2007，43（1）：88－92.

[104] 许嘉巍，刘慧清. 长春市城市建设用地适宜性评价 [J]. 经济地理，1999，19（6）：101－104.

[105] 许明军，冯淑怡，苏敏，等. 基于要素供容视角的江苏省资源环

境承载力评价［J］. 资源科学，2018，40（10）：1991 - 2001.

［106］严金明，夏方舟，马梅. 中国土地整治转型发展战略导向研究［J］. 中国土地科学，2016，30（2）：3 - 10.

［107］杨建新. 国土空间开发布局优化方法研究［D］. 武汉：中国地质大学，2019.

［108］杨亮洁，杨海楠，杨永春，等. 基于耦合协调度模型的河西走廊生态环境质量时空格局演化［J］. 中国人口·资源与环境，2020，30（1）：102 - 112.

［109］杨敏，吴克宁，高星. 地方解决耕地细碎化的经验及借鉴［J］. 中国土地，2016（8）：49 - 50.

［110］杨木壮，黄顺婷. 基于全域立体开发的国土空间规划体系与方法［J］. 安徽农业科学，2014，42（29）：10347 - 10351.

［111］杨秋林. 水资源承载力动态变化分析［J］. 安全与环境学报，2009，9（6）：88 - 90.

［112］杨伟民. 推进形成主体功能区优化国土开发格局［J］. 经济纵横，2008（5）：17 - 21.

［113］杨月圆，王金亮，杨丙丰，云南省土地生态敏感性评价［J］. 生态学报，2008，28（5）：2253 - 2258.

［114］伊恩·伦诺克斯·麦克哈格. 设计结合自然［M］. 芮经纬，译. 天津：天津大学出版社，1967：1 - 238.

［115］尹海伟，徐建刚，陈昌勇，等. 基于GIS的吴江东部地区生态敏感性分析［J］. 地理科学，2006，26（1）：64 - 69.

［116］于嵘. 省级陆域生态保护红线划定方法与实践——以全国试点省区广西为例［J］. 规划师，2017（5）：8.

［117］俞孔坚，李海龙，李迪华，等. 国土尺度生态安全格局［J］. 生态学报，2009，29（10）：5163 - 5175.

［118］喻忠磊，张文新，梁进社，等. 国土空间开发建设适宜性评价研究进展［J］. 地理科学进展，2015，34（9）：1107 - 1122.

［119］袁方. 社会研究方法教程［M］. 北京：北京大学出版社，2011：64 - 66.

［120］岳文泽，韦静娴，陈阳. 国土空间开发适宜性评价的反思［J］. 中国土地科学，2021，35（10）：1 - 10.

［121］郧文聚，宇振荣．中国农村土地整治生态景观建设策略［J］．农业工程学报，2011，27（4）：1－6．

［122］张太海，赵江彬．承载力概念的演变分析［J］．经济研究导刊，2012（14）：11－14．

［123］张燕．千年农耕文明的"文化复兴"［J］．乡村振兴，2020，23（11）：40－41．

［124］张奕凡．烟台市国土空间开发适宜性分区研究［D］．烟台：鲁东大学，2018．

［125］赵晓冈，苏军德．基于 RS 和 GIS 的祁连山地区生态保护红线划定方法研究［J］．中国水土保持，2019（8）：39－43，75．

［126］郑华，欧阳志云，赵同谦．人类活动对生态系统服务功能的影响［J］．自然资源学报，2003，18（1）：118－126．

［127］中共中央政治局召开会议审议《黄河流域生态保护和高质量发展规划纲要》和《关于十九届中央第五轮巡视情况的综合报告》中共中央总书记习近平主持会议［J］．机关党建研究，2020（9）：2．

［128］中华人民共和国国家统计局．国家统计局关于 2020 年粮食产量数据的公告［EB/OL］．（2020－12－10）［2023－6－28］．http：//www.stats.gov.cn/.

［129］周鹏．太行山区国土空间格局优化与功能提升路径研究［D］．北京：中国科学院大学（中国科学院水利部成都山地灾害与环境研究所），2020．

［130］周志翔．景观生态学基础［M］．北京：中国农业出版社，2007．

［131］邹涛，栗德祥．城市设计实践中的生态学方法初探［J］．建筑学报，2004，37（12）：18－21．

［132］邹长新，林乃峰，徐梦佳．论生态保护红线制度实施中的重点问题［J］．环境保护，2017（23）：4．

［133］Bailey R G. Eco-regions of the United States（1：7500000 Colored）［M］．Ogden. UT：USDA Forest Service，Intermountain Region. 1976.

［134］Barnthouse L W. The role of models in ecological risk assessment［J］．Environ . Toxic. Chem，1992（11）：1761－1760.

［135］Blaikie P. Epilogue：Towards a future for political ecology that works［J］．Geoforum，2008，39（2）：765－772.

［136］Brand U，Vadrot A. Epistemic selectivities and the valorization of nature：The cases of the Nagoya protocol and the intergovernmental science-polilcy platform for biodiversity and ecosystem services (IPBES) [J]. Law, Environment and Development Journal, 2013, 9 (2): 202 –220.

[137] Brasher M G, Steckel J D, Gates R J. Energetic carrying capacity of actively and passively managed wetlands for migrating ducks in Ohio [J]. Journal of Wildlife Management, 2007, 71 (8): 2532 –2541.

[138] Chen Xin, Peng Jian, Liu Yanxu, et al. Constructing ecological security patterns in Yunfu city based on the framework of importance-sensitivity-connectivity [J]. Geographical Research, 2017, 36 (3): 471 –484.

[139] De Souza Filho J R, Santos R C, Silva I R, et al. Evaluation of recreational quality, carrying capacity and ecosystem services supplied by sandy beaches of them unicipality of Camacari, northern coast of Bahia, Brazil [J]. Journal of Coastal Research, 2014 (70): 527 –532.

[140] Dong S K, Kassam K S, Tourrand J F, Boone R B. Building Resilience of Human-Natural Systems of Pastoralism in the Developing World: Interdisciplinary Perspectives [M]. New York: Springer, 2016.

[141] Ehrlich, P. R, Ehrlich, A. H. Extinction. New York: Ballantine [N]. 1981. 72 –98.

[142] Ehrlich, P R, Human natures, nature conservation, and environmental [J] Ethics. Bioscience, 2002 (52): 31 –43.

[143] Esbah H, Cook E A, Ewan J. Effects of increasing urbanization on the ecological integrity of open space preserves [J]. Environmental Management, 2009, 43 (5): 846 –862.

[144] FAO. A Framework for Land Evaluation [M]. Rome: Food and Agriculture Organization of the United Nations, 1976: 20 –29.

[145] Forman R TT. Land mosaics: the ecology of landscapes and regions [M]. New York: Cambridge University Press, 1995.

[146] G N Wijesekara, A Gupta, C Valeo, et al. Assessing the impact of future land-use changes on hydrological processes in the Elbow River watershed in southern Alberta, Canada [J]. Journal of Hydrology, 2012 (412): 220 –232.

[147] Hergh J, Verbruggen H. Spatial sustainability, trade and indicatiors: an evaluation of the ecological footprint [J]. Ecological Economics, 1999 (29): 61 –72.

[148] Holdren, J P, Ehrlich, P R. Human population and the global environment [J]. American Scientist, 1974 (62): 282 – 292.

[149] Horne R, Hickey J. Ecological sensitivity of Australian rain-forests to selectivelogging [J]. Australian Journal of Ecology, 1991, 16 (1): 119 – 129.

[150] Hou Peng, Wang Qiao, Shen Wenming, et al. Progress of integrated ecosystem assessment: Concept, framework and challenges [J]. Geographical Research, 2015, 34 (10): 1809 – 1823.

[151] Jagtap T G, Komarpant D S, Rodrigues R S. Status of a seagrass ecosystem: An ecologically sensitive wetland habitat from India [J]. Wetlands, 2003, 23 (1): 161 – 170.

[152] Jian Peng, Yajing Pan, Yanxu Liu, et al. Linking ecological degradation risk to identify ecological security patterns in a rapidly urbanizing landscape [J], Habitat International, 2018 (71): 110 – 124.

[153] Jiang Yanling, Liu Chunla, Zhou Changqing, et al. Overview of theoretical research and practical considerations on ecocities of China [J]. Geographical Research, 2015, 34 (12): 2222 – 2237.

[154] Kandrika S, Roy P S. Land use land cover classification of Orissa using multi-temporal IRS-P6awifsdata: A decision tree approach [J]. International Journal of Applied Earth Observation and Geoinformation, 2008, 10 (2): 186 – 193.

[155] Ko Y, Chiu Y. Empirical Study of Urban Development Evaluation Indicators Based on the Urban Metabolism Concept [J]. SUSTAINABILITY, 2020, 12 (712917) .

[156] Leopold, A. A Sandy County Almanac and Sketches from Here and There [M]. New York: Cambridge University Press, 1949.

[157] Li Jing, Meng Jijun, Mao Xiyan. MCR based model for developing land use ecological security pattern in farming-pastoral zone: A case study of Jungar Banner, Ordos [J]. Acta Scientiarum Naturalium Universitatis Pekinensis, 2013, 49 (4): 707 – 715.

[158] Liu J G, Mooney H, Hull V, et al. Systems integration for global sustainability [J]. Science, 2015, 347 (6225): 1258832.

[159] Liu Jiyuan, Liu Mingliang, Zhuang Dafang, et al. Study on spatial pattern of land-use change in China during 1995 – 2000 [J]. Science in China:

Series D, 2003, 46 (4): 373 – 384.

[160] Liu R, Pu L, Zhu M, et al. Coastal resource-environmental car-rying capacity assessment: A comprehensive and trade-off analysis of the case study in Jiangsu coastal zone, eastern China [J]. Ocean & Coastal Management, 2020 (186): 105092.

[161] Malthus T R. An Essayon the Principle of Population [M]. London: Pickering, 1978.

[162] Marsh, G. P.. Man and Nature. New York [M]: Charles Scribner. 1864 (1965).

[163] Meng Jijun, Zhou Ting, Liu yang. Research on regional ecological risk assessment: A case study of Ordos in Inner Mongolia [J]. Acta Scientiarum Naturalium Universitatis Pekinensis, 2011, 47 (5): 935 – 943.

[164] Myers, N. The environmental dimension to security issues. Environmentalist [J]. 1986 (6): 251 – 257.

[165] Naveh Z. From biodiversity to ecodiversity: A landscape-ecology approach to conservation and restoration [J]. Restoration Ecology, 1994, 2 (3): 180 – 189.

[166] O'Brien, D, Manseau, M, Fall, A, et al. Testing the importance of spatial configuration of winter habitat for woodland caribou: an application of graph theory [J]. Biol. Conser, 2006, 130 (1): 70 – 83.

[167] Okafor F C. Population pressure and land resource depletion in southeastern Nigeria [J]. Applied geography (Sevenoaks, England), 1987, 7 (3): 243 – 256.

[168] Osborn, F. Our Plundered Planet [M]. Boston: Little, Brown and Company, 1948.

[169] Peng Jian, Zhao Huijuan, Liu Yanxu, et al. Research progress and prospect on regional ecological security pattern construction [J]. Geographical Research, 2017, 36 (3): 407 – 419.

[170] Pickard B R, Daniel J, Mehaffey M, et al. EnviroAtlas: A new geospatial tool to foster ecosystem services science and resource management [J]. Ecosystem Services, 2015 (14): 45 – 55.

[171] Rafael Crecente. Carlos Alvarez. Urbano Fra. Economic, Social and

Environment Impact of Land Consolidation in Galicia [J]. Land Use Policy, 2002, 19 (2): 135 – 147.

[172] Saier, M H, Trevors Jr, J T. Global security in the 21st century [J]. Water Air Soil Pollute, 2010, 205 (1): 45 – 46.

[173] Schulze, E D, Mooney, H A. Biodiversity and EcosystemFunction [M]. Berlin: Springer-Verlag, 1993.

[174] Solovjova, Natalia V. Synthesis of ecosystemic and ecoscreening modelling in solving problems of ecological safety [J]. Ecological Modelling, 1999, (124): 1 – 10.

[175] Suffling R. An Index of Ecological sensitivity to disturbance, based on ecosystem age, and related to landscape diversity [J]. Journal of Environmental Management, 1980, 10 (3): 253 – 63.

[176] Tian H Q, Banger K, Bo T, et al. History of land use in India during 1880 – 2010: Large-scale land transformations reconstructed from satellite data and historical archives [J]. Global and Planetary Change, 2014 (121): 78 – 88.

[177] Tilman, D. Biodiversity and ecosystem functioning. In Daily, G. (ed.) [J]. Nature's Services: Societal Dependence on Natural Ecosystems. Washington D C: Island Press. 1997: 93 – 112.

[178] Turner B L, Skole D, Sanderson S et al. Land Cover Change Science/Research Plan//IGBP Report No. 35, HDP Report 7 IGBP of the ICSU and HDP of the ISSC, Stockholm and Geneva [M]. 1995.

[179] Vogt, W. Road to Survival [M]. New York: William Sloan. 1948.

[180] Vujko A, Plavsa J, Petrovic M D, et al. Modelling of carrying capacity in National Park-Fruska Gora (Serbia) case study [J]. OPEN GEOSCIENCES, 2017, 9 (1): 61 – 72.

[181] Wang Rang Hu, Li XiaoYan, Zhang Shu Wen, et al. Research for landscape ecological security pattern and early warning in farming-pastoral zone of Northeast China: A case study of Tongyu County in Jilin Province [J]. Geography and Geo-Information Science, 2014, 30 (2): 111 – 115.

[182] Wang, C, Pan, D. Zoning of Hangzhou Bay ecological red line using GIS-based multi-criteria decisionanalysis [J]. Ocean Coast Manage, 2017 (139): 42 – 50.

[183] Wilgen V B, Cowling R M, Burgers C J. Valuation of ecosystem services: a case study from South African fynbos ecosystems [J]. Bio Science, 1996 (46): 184 – 189.

[184] Wu Jiansheng, Zhang Liqing, Peng Jian, et al. The integrated recognition of the source area of the urban ecological security pattern in Shenzhen [J]. Acta Ecologica Sinica, 2013, 33 (13): 4125 – 4133.

[185] Yan Nailing, Zhao Xiuhua, Yu Xiaogan. Ecosystem delineation on priority ecosystem services and ecosystem management in the upper Yangze river [J]. Resources and Environment in the Yangze Basin, 2006, 15 (5): 598 – 602.

[186] Yongxian Su, Xiuzhi Chen, Jishan Liaoc, et al. Modeling the optimal ecological security pattern for guiding the urban constructed land expansions [J]. Urban Forestry & Urban Greening, 2016 (16): 35 – 46.

[187] Yu Kongjian, Wang Sisi, Li Dihua, et al. The function of Ecological security patterns as an urban growth framework in Beijing [J]. Acta Ecologica Sinica, 2009, 29 (3): 1189 – 1204.

[188] Zhao W, Zhou H, Yang G Q, et al. Farmers' Transformation between Willingness and Behavior of Post Land Consolidation Supervision and Maintenance: A Case Study of Deng zhou, Henan Province [J]. China Land Sciences, 2016.